好望角

在这里，看见新世界

IRAN

WHAT EVERYONE NEEDS TO KNOW

伊朗

被低估的文明与未完成的变革

[英] 迈克尔·阿克斯沃西 著
赵乙深 译

浙江人民出版社

图书在版编目（CIP）数据

伊朗 ：被低估的文明与未完成的变革 / （英）迈克尔·阿克斯沃西著 ；赵乙深译. — 杭州 ：浙江人民出版社，2021.12

ISBN 978-7-213-10316-2

Ⅰ. ①伊… Ⅱ. ①迈… ②赵… Ⅲ. ①伊朗-历史-研究 Ⅳ. ①K373

中国版本图书馆 CIP 数据核字(2021)第 204974 号

地图审图号:GS(2021)6791 号

伊朗：被低估的文明与未完成的变革

[英] 迈克尔·阿克斯沃西 著 赵乙深 译

出版发行：浙江人民出版社（杭州市体育场路 347 号 邮编 310006）

市场部电话：(0571)85061682 85176516

丛书策划：王利波　营销编辑：陈雯怡 陈芊如

责任编辑：汪 芳　责任校对：陈 春

责任印务：程 琳　封面设计：张庆锋

电脑制版：杭州大漠照排印刷有限公司

印　　刷：杭州富春印务有限公司

开　　本：880 毫米×1230 毫米 1/32　印　　张：6.75

字　　数：144 千字　插　　页：6

版　　次：2021 年 12 月第 1 版　印　　次：2021 年 12 月第 1 次印刷

书　　号：ISBN 978-7-213-10316-2

定　　价：62.00 元

出版者言

当今的世界与中国正在经历巨大的转型与变迁，她们过去经历了什么、正在面对什么、将会走向哪里，是每一个活在当下的思考者都需要追问的问题，也是我们作为出版者应该努力回应、解答的问题。出版者应该成为文明的瞭望者和传播者，面对生活，应该永远在场，永远开放，永远创新。出版“好望角”书系，正是我们回应时代之问、历史之问，解答读者灵魂之惑、精神之惑、道路之惑的尝试和努力。

本书系所选书目经专家团队和出版者反复商讨、比较后确定。作者来自不同的文化背景，拥有不同的思维方式，我们希望通过“好望角”，让读者看见一个新的世界，打开新的视野，突破一隅之见。当然，书中的局限和偏见在所难免，相信读者自有判断。

非洲南部“好望角”本名“风暴角”，海浪汹涌，风暴不断。1488 年 2 月，当葡萄牙航海家迪亚士的船队抵达这片海域时，恰风和日丽，船员们惊异地凝望着这个隐藏了许多个世纪的壮美岬角，随船历史学家巴若斯记录了这一时刻：

“我们看见的不仅是一个海角，而且是一个新的世界！”

浙江人民出版社

中译本序

伊朗曾经有过辉煌的历史，近代却默默无闻。1979 年爆发伊斯兰革命，伊朗才引起世界的关注。伊朗的伊斯兰革命在中东乃至世界创建了独一无二的政教合一的政体模式。

伊朗的历史既伟大又苦难。伊斯兰革命后，伊朗不幸被美国贴上了“邪恶轴心”的标签，被西方媒体深度妖魔化。国际上对伊朗有颇多误解。中国公众对伊朗的认知也并不清晰，多数感觉伊朗很“神秘”。因此，本书对不太了解伊朗的读者来说是一本很不错的入门读物。

其实，伊朗既不“邪恶”，也不“神秘”。战略地位重要，地大物博，文化底蕴深厚。

伊朗北邻中亚和高加索，南濒波斯湾和印度洋，东接南亚次大陆，西连阿拉伯世界，是欧亚大陆几大地缘政治板块的交合点。伊朗控制着海湾北岸狭长的海岸线及其咽喉霍尔木兹海峡，这是中亚通往印度洋唯一的通道。伊朗是里海和波斯湾两大世界级油田之间的桥梁，是世界第四大产油国、第二大天然气储量国。伊朗国土面积 164.5 万平方千米，居世界第 17 位，相当于 4 个伊拉克。截至 2019 年 12 月，伊朗人口 8165 万，劳动力充足且受教育程度高。

正如本书所述，早在2500年前波斯人就建立了人类历史上第一个超级大国，西起希腊、马其顿和色雷斯，南至利比亚和埃及，北至高加索，东至旁遮普。至今伊拉克、中亚、阿富汗、印度、巴基斯坦、孟加拉等都属于波斯文化圈。在中东地区，只有波斯语和希伯来语是2500年来延续至今的语言。伊朗是世界上少有的国土、版图和文化2500年连续不断的国家。

伊朗的国土面积虽然只有中国的六分之一，但是地形地貌、自然环境和气候条件的多样性酷似中国。首都德黑兰四季分明，北部的阿尔博兹山脉终年积雪，夏日炎炎时总能看到山上的积雪，德黑兰1300万居民用的都是融化的雪水，水质在世界大城市中名列前茅。从德黑兰翻越阿尔博兹山仅100千米就能到达里海，沿岸一派中国江南的景色，气候温和，雨量充沛，森林密布，水稻田和茶园延绵不断，是伊朗的鱼米之乡。西方人餐桌上的奢侈品黑鱼子酱就产在这里。伊朗中部的沙漠和盐碱地周边盛产开心果，品味上乘。鱼子酱、开心果和波斯地毯是伊朗的三件宝。伊朗南部波斯湾沿岸气候类似中国广东和海南，夏季炎热，冬季温暖如春，是欧洲人冬季的传统度假胜地。

不同宗教信仰、政治倾向、年龄层次，甚至是相互敌对的伊朗人，都有强烈的波斯民族、文化和历史的认同感。伊朗人不管属于哪一个党派，无论在世界哪个角落，都热爱自己的祖国。

波斯民族与中华民族的历史遭遇十分相似：都有数千年的文明史，创造了伟大灿烂的文化，都是曾经的强国；在西方工业化后，两个民族都衰弱了，并遭受列强的欺凌。如同“中国梦”一样，伊朗人也有一个“波斯梦”。

伊朗在近代一度沦为大英帝国和沙皇俄国争夺势力范围的角

逐舞台。在20世纪的两次世界大战中，保持中立的伊朗曾被英、俄占领。伊朗发现石油后，石油资源遭西方掠夺。第二次世界大战结束后，伊朗又成为美国的冷战工具，美国通过巴列维政权主宰伊朗近四分之一个世纪。伊朗人对自己祖国近200年的历史都深感屈辱。

1978年成千上万愤怒的群众抗议巴列维国王的原因之一就是国王过于亲美，不仅与美国结盟，而且将伊朗这个国家的命运拱手交给了华盛顿，这深深刺痛了伊朗人的民族自尊。1979年1月16日，国王在伊朗民众一片抗议声中离开伊朗时，德黑兰万人空巷，百万人上街载歌载舞，马路上行驶的汽车大白天打开大灯鸣笛，以示庆祝。1979年的革命在伊朗国内外纵然遭一些人诟病，但伊朗终于摆脱了美国的统治，获得了独立。这是多数伊朗人的共识。

对美国的态度，伊朗和中国不尽相同，1979年中美建交之时正是伊朗与美国断交前夕。与美国和西方的关系，中伊并非步调一致。但是，在维护国家独立和民族尊严方面，中伊因有相似的遭遇而有共同语言。这是中伊友好关系最重要的政治基础。

作为一个文明古国，伊朗的东方色彩十分强烈。伊朗人十分看重几千年文化历史的传承。在伊朗，不分男女老幼，几乎人人都会背诵波斯大诗人哈菲兹、萨迪、哈亚姆和鲁米的诗，不少人还会整段背诵菲尔多西的史诗《列王纪》。伊朗历经战争和自然灾害，对文物的保护却是世界一流的。伊朗人重视家庭亲情和教育，相信多子多福。家族关系是伊朗人的主要社会关系。

伊朗位于东西方文化交汇点，加上巴列维父子两代人统治期间的全盘西化，伊朗人崇拜西方的技术与文化。在伊朗，搞工业的人言必称西门子，石油部门的人言必称壳牌和道达尔，开车的人言必称宝马、雷诺和标致。尽管与美国断交41年，但伊朗城市居民几乎家家户户都有子女在美国或欧洲留学。

国内介绍伊朗的出版物已有一些，但并不算丰富。本书独特之处在于以问答形式，串起了伊朗数千年波澜壮阔的历史，有针对性地解答了对伊朗的过去、现在乃至未来都十分关键的问题，帮助读者在一本书的容量里，用不多的时间，透过纷繁复杂的现象抓住历史发展的主线和伊朗当前困境的根源。本书非常值得一读。

中国前驻伊朗大使　华黎明

2021 年 10 月 1 日于北京

目 录

前　言

多年以来，伊朗一直对世界上大多数国家实行闭关锁国政策。现在，这个国家开放了。2015 年 7 月各方达成《全面联合行动计划》[①]（以下简称“伊核协议”）并逐步落实，决定从 2016 年 1 月开始取消对伊朗的制裁，这为伊朗与世界其他地区的交往开辟了一系列新的机遇，尤其是商业机遇。

但是，事情从不会如此简单。与此同时，当这些积极的发展变化（特别是持怀疑态度的人士在几个月前，甚至几年前就一直极力否认的发展变化）正一步步成为现实的时候，一些不愉快的信号也随之而来。2015 年秋，出于共同支持叙利亚阿萨德政权的目的，伊朗与俄罗斯拉近了距离。2016 年新年伊始，由于沙特阿拉伯官方处决了一名著名的什叶派宗教领袖，伊朗与沙特阿拉伯的关系骤然恶化。作为回应，德黑兰民众破坏并烧毁了沙特阿拉伯驻伊朗大使馆的一部分。2016 年 3 月，伊朗革命卫队不顾美国和其他一些国家的

---

① 2015 年 7 月，伊朗与中国、美国、英国、俄罗斯、法国、德国达成《全面联合行动计划》(Joint Comprehensive Plan of Action，JCPOA)，美国于 2018 年 5 月宣布单方面退出。——译者注

“关切”，试射了多枚中程弹道导弹。

2 为什么伊朗看起来一直与西方世界格格不入？为什么伊朗政府如此公然表示不愿像其他“正常”国家那样去适应西方意识形态？本书试图通过介绍伊朗历史来解答以上问题及其他相关问题。本书以历史为视角布局谋篇，这并非因为作者是一名历史学家，而是因为伊朗今天看待世界的态度和处事动机大多深深地植根于历史之中。举例来说，如果不了解 7 世纪阿拉伯人占领伊朗（和随后几个世纪里其他国家对伊朗的侵略行为）的本质及其所产生的后果，就无法准确了解伊朗的民族主义。如果不了解同时期发生的逊尼派与什叶派之间的分裂，就无法了解当今伊朗伊斯兰共和国内所谓的政治伊斯兰。伊朗对于周边中东国家的态度很大程度上缘于其自身语言不是闪米特语系，而是（像英语一样）来自印欧语系——要解释此问题就必须回到第二个新千年里所发生的人口大迁徙。伊朗对于美国和英国的态度形成于 19 世纪帝国时期的一系列事件和 20 世纪的两次世界大战，以及 1953 年针对穆罕默德·摩萨台（Mohammad Mosaddeq）的政变。

当代伊朗的绝大部分故事都与以下几个因素密切相关：宗教人士一跃成为社会领袖，他们在面对和回应国内存在的西方影响时犹豫不决，这种不确定性通过 1979 年革命中鲁霍拉·霍梅尼（Ruhollah Khomeini）的成功上位得以解决，以及自那以来他们在捍卫和巩固政权方面的经验与磨难。

了解历史对于理解当前所处的困境总是裨益良多的，有时甚至是不可或缺的。对于伊朗来说更是如此，它的历史对于伊朗人来说
3 是那样漫长、那样复杂，又是那样重要，但外界却对它知之甚少。

这本书，就如同作者的其他著作一样，试图对解决这种信息缺失进行简单尝试。文献部分为读者进一步了解伊朗提供了延伸阅读资料。但想要了解更多细节方面的信息，特别是信息来源，各位读者需要参考我之前出版的书籍，比如：《革命的伊朗》（*Revolutionary Iran*）和《伊朗史：思想的帝国》（*A History of Iran*：*Empire of the Mind*，在英国出版时书名改为 *Iran*：*Empire of the Mind*）。

第一章　古代伊朗和伊斯兰化的伊朗

人们对于印欧人种和伊朗起源知多少?

人们对于伊朗的了解起源于这样一个事实，即波斯语［母语人士称之为法尔西语（Farsi）］同包括英语在内的大多欧洲语言、梵语、当代印地语和印度次大陆上的其他一些语言，在语法和词汇方面都有明显而密切的联系。例如，波斯语中一些表示人物和人际关系的基本词汇，像 baradar（兄弟）、dokhtar（女儿，女孩）、madar（母亲），其他词汇如 tondar（打雷）、setareh（星星）、nam（名字）、mush（老鼠）、tarik（黑暗）、dar（门）等，与英语或者欧洲其他语言中的词汇很相似甚至完全一致。之前的几个世纪，几乎无人关注此事。1786 年，英属东印度公司法官威廉·琼斯爵士（Sir William Jones）是第一位关注到这一点的学者。因为波斯语是印度莫卧儿王朝的官方语言，所以他本人和公司其他员工必须掌握这种语言。威廉爵士推测波斯语和上述这些语言有着共同起源。由此，他开创了历史语言学这一现代学科，还翻译了大量波斯语诗歌和其他文献。

虽然这些语言具有毋庸置疑的相似性，但我们对于这些相似 5
性，以及相似性起源的确切了解只停留在观察层面。从威廉爵士时代开始，大量解释这种相似性的学术理论开始问世。这其中，绝大多数理论认为这些语言有着共同根源。同时，许多学者都接受这样一个观点，即先前存在但现已消失的古印欧语是这些语言的共同祖先。一些学者还通过追寻最早的词汇和语法形式，试图勾勒出远古印欧语的轮廓。与此同时，考古学家和其他学者还试图寻找使用这种语言（或语族）的人群在历史上的生活时间和地点。他们的生活范围大约在今俄罗斯南部到黑海或里海北部地区。还有一些考古学家发现，他们可能就是那些大约在公元前 2500 年用一种名为库尔干（kurgans）的石冢墓来埋葬逝者的人群。学者们曾一度认为这些源自该地区并讲古代德语、拉丁语、希腊语、古波斯语和梵语的人群通过迁徙进入今欧洲、伊朗和印度地区，同时把铁制工具和武器一并带到上述地区。还有学者认为这一迁徙也与上述地区首次驯化马匹有关。

当然，以上种种理论还只是推断，远非定论。但可以确定的是，讲上述语言的人群在公元前 2500 年至公元前 1000 年从他们最初的定居点，迁徙到今印度北部、伊朗高原、安纳托利亚（假如那时他们并没有已经在那里）、希腊、意大利和中北欧地区。

学者同样无法确定迁徙和定居的性质。19 世纪，当早期的民族主义开始思考这些问题时，答案便倒向了战火与刀剑的暴力，即人
口整体流动伴随着原先该地居民被清洗或被迫逃离。在这种原始的 6
模式（尽管没有确切论证，但却经常在过去和当代强化了对这些问题的思考）中，流血冲突经常伴随着语言覆盖。从那以后，人们接

受了这样一个事实，即现实往往更加复杂，甚至更加暴力。一般认为，更多的时候往往是一小群人到达新的定居点，消灭了原先的统治精英，并确立其对更多的臣民的统治地位。久而久之，臣民就开始接纳统治群体的语言和文化。伊朗人的定居过程大概就是遵照这一模式完成的。

考古人员在伊朗发现了大量石器时代和青铜时代的文化遗迹，这些遗迹都早于古印欧语系人群或伊朗人定居于此的年代。在扎格罗斯山脉发现的一些农业遗迹甚至可追溯到公元前 8000 年至公元前 6000 年。彼时，农业刚刚开始在此地发展。卡尚附近的泰佩·锡亚勒克遗址中的不同地区，在公元前 5500 年至公元前 1000 年之间几乎一直被占领。在伊朗西南部，从大约公元前 4000 年苏萨城建立之日起，埃兰王朝就是伊朗高原的文明和美索不达米亚的文明之间一个重要且充满活力的中间时期。

很有可能一些操着某种伊朗语言（或者彼时多个伊朗语方言）、以放牧为生、处于游牧或半游牧状态的外来者，最开始以少量或小群体率先（于公元 1000 年之前的几个世纪当中）来到伊朗高原，融入当地定居的人群，随后统治当地原有居民，并最终同化了他们。伊朗各地的气候和地形地貌迥异，既有北部郁郁葱葱的亚热带森林，也有气候严峻地区的高山针叶林，到处都是半干旱或干旱地
7 貌和沙漠地貌，还有广阔的沼泽、草原和其他大量的过渡地带。其中不乏优质良田（主要是位于南部、西部和北部的山谷与绿洲），也有许多适合季节性放牧的周边土地。这就意味着伊朗的绝大部分土地都适合游牧部落大规模的迁徙式和游牧式的生活。这种生活方式的部落人群往往和周边定居的人群难以和平相处。双方关系通常

是以交换为主的经济关系（交换物品为谷物、羊毛或肉类的初级制成品），同时也是外在威胁和自我保护的一种防卫关系。在这种关系中，农业民族在面对更具有移动性的游牧民族袭击时往往处于弱势。（至少直到 20 世纪）游牧民族在类似的防卫关系中都一直占有先机。

最早发现于亚述和巴比伦石刻中的证据（最早的石刻始于公元前 836 年）表明，伊朗人看起来像米底人，生活在今伊朗西北部。而波斯人则来自南部地区，与中埃兰时期的安善王朝有千丝万缕的联系。在随后几个世纪中，米底人和波斯人统治着伊朗高原。

在伊朗和世界历史中，琐罗亚斯德教有多重要？

琐罗亚斯德教在今天已经成为一个少数派宗教，其教徒主要分布在印度（尤其是孟买地区），伊朗也有少量信众，其他则零星散布在美国、欧洲、澳大利亚和世界的其他地区，全世界的信徒数量不到 20 万。但是，在 7 世纪伊斯兰教征服伊朗之前，琐罗亚斯德
教却在该地占主导地位。它对犹太教、基督教和伊斯兰教都有很深 8
远的影响（对于后两者主要是通过犹太教产生间接影响，但也有一些直接的影响）。甚至在今天的伊朗伊斯兰共和国，那些从古代流传至今的琐罗亚斯德教传统依然影响着人们的日常生活。伊朗每年最重要的节日仍然是传统新年诺鲁兹节（Nowruz），即公历 3 月 21 日，也是一年一度的春分时节。此节日从古代伊朗的王朝时期一直流传至今。在伊朗官方日历中，每月的名称依然沿用琐罗亚斯德教中众神的名字，例如法瓦丹（Farvardin，波斯历一月）、霍达德（Khordad，波斯历三月）、蒂尔（Tir，波斯历四月）和奥尔迪贝赫什特（Ordibehesht，波斯历二月）。

当代学界将琐罗亚斯德教的起源时间大大提前，甚至比该教自己记录和描述的时间更早。学界认为琐罗亚斯德教大约在公元前600年起源于先知琐罗亚斯德（Zoroaster），亦称作查拉图斯特拉（Zarathustra，当代波斯语称 Zardosht）。但是，（自从学者玛丽·博伊西以后）许多人都认为琐罗亚斯德教的奠基者琐罗亚斯德本人生活于公元前1500年至公元前1200年之间，甚至更早。这种说法实际上是有问题的，因为在过去的数百年当中，信息传输的主要方式是口口相授（类似于早期梵语语篇那样），在萨珊王朝（始于公元224年）之前，可能并没有出现系统记录下来的文本。能够确定琐罗亚斯德教起源于更早时间的主要依据，是目前存世的最古老的该教典籍所使用的语言，也就是近似于琐罗亚斯德本人使用的语言（更接近梵语和古印欧语），与后期于公元前600年左右出现的文本大相径庭，该文本包含政治和文化生活等内容。而最早出现的文本［如《迦萨经》（*Gathas*）和《阿维斯陀经》（*Avesta*）］描述了当时人们已经开始从事游牧和放牛式生活，而这一时间与早期人群迁徙到伊朗高原的时间基本吻合。

琐罗亚斯德的神学理论来源于一项永恒且不可调和的冲突，冲
9 突双方分别为创造真理、光明、正义的主神阿胡拉·马兹达（Ahura Mazda）与谎言、黑暗、邪恶和不公正的化身阿里曼（Ahriman）。这就树立起一个强有力的道德框架，在这个框架里，人类的自由与选择权具有最重要的地位，同时也强调了良好思想、良好语言以及良好行为的重要性。琐罗亚斯德教的教义也包含了死后审判、天堂与地狱的内容，对犹太教和后世其他宗教产生了深远影响。特别是“真理”和“谎言”的内容在早期的《阿维斯陀经》

和存世的石刻中反复出现。同时，在希腊一些涉及伊朗和与伊朗有关事件的文献中也有所体现。

其他一些（可能是先前存在的）神祇也以天使或大天神形象嵌入琐罗亚斯德教的体系当中，例如，太阳神密特拉（Mithra）和河流女神阿娜希塔（Anahita）。六位天神（Amesha Spenta）分别象征动物、植物、金属、土、火和水。最高神明阿胡拉·马兹达是空气的化身，其地位相当于希腊天神宙斯，名字寓意“智慧之神”。因为在琐罗亚斯德之后的几个世纪中，其宗教信仰呈现出较大程度的多元化发展，包含多个“相似而有区别”的教派；也因为与其后来的（在伊斯兰教和基督教压力下产生的）发展轨迹相比，此时的琐罗亚斯德教呈现出多神特点，学者将后世的琐罗亚斯德教与早期的马兹达教（Mazdaism）作出了严格区分。（以“马兹达”命名宗教也反映出一个事实，即该教所有教派都把阿胡拉·马兹达当作核心人物。）

在 14 世纪的英格兰地区，圣方济各会修士奥卡姆的威廉（William of Occam）提出了重要的奥卡姆剃刀定律，即科学说明应当保持简洁，尽量少用全新的理论概念，不应提倡简单理论复杂化和新概念爆棚。该理论虽然被当今一些诸如教育领域的社会科学研 10
究者过度看重，但它从奥卡姆时代起在科学研究领域就具有重要地位。而在伊斯兰教之前的马兹达教却截然相反：它的宗教特点是将概念和教条以天神与天界实体的形式人格化，且其数量随着时间的推移变得越来越多。例如，概念 daena（良心、良知）意指一个正直男人死后的灵魂附在一名漂亮的处女身上。它所附带的人格化含义为这个男人生前所做的所有好事。随后 daena 这个词就成为宗教自身的代名词，此含义在穆罕默德得到启示之后（以阿拉伯语单词din）也被带入了伊斯兰教。另一个例子是识别出人类单独个体的五种不同的特质属性，除了肉体、灵魂和精神之外，还有adhvenak和fravashi。Adhvenak是每个人在天堂的原型，其寓意与男性精液和繁殖相关。Fravashi同样是精神世界的一种实物载体，其含义多与展示英雄力量、保卫世间生灵（比如守护天使）、收集死后的灵魂有关。（这样来看，这种形象有些类似于日耳曼神话中的瓦尔基里女武神。）以上和其他的天神人格化特征也为日后犹太教、基督教和伊斯兰教中的天神特点描绘了雏形，同时也与柏拉图主义中的理型论有相似之处，有学者就认为柏拉图本人曾受到马兹达教影响。

救世主弥赛亚是马兹达教的另一个显著特征，这一人物在后来的犹太教、基督教和伊斯兰教中都再次出现。在公元前600年之前的至少几个世纪中，马兹达教产生了苏什扬特（Saoshyant）[1] 这一概念。他的出生充满了神秘色彩。一位身怀琐罗亚斯德留在世间英
11 灵的未婚母亲在终审之日将他诞生在人间。与其他宗教（或另外带有宗教性质的人类组织）一样，马兹达教的信徒主要来自教士阶层，即祭司（Magi，被希罗多德列为米底人中的高级部落）。祭司在琐罗亚斯德时代之前就已存在。他们在翻译并吸纳马兹达教的教义、教条和宗教礼仪时，既满足了自身需求，又令人惊讶地忠实保存了口传心授这一传统。马兹达教对基督教产生影响的一个标志，就是《圣经》中《福音》篇有关耶稣诞生的描述中存在三个来自东

① 最后一位隐遁先知，即救世主。——译者注

方的祭司，这段内容充分表现出已有宗教对新生宗教的祝福。

伊朗人和犹太人在古代拥有漫长而复杂的历史，时而重合，时而交错。公元前 720 年亚述人征服了位于北方的以色列王国之后，大量犹太人迁移到米底地区，并在埃克巴坦那（Ecbatana，即今哈马丹）建立起犹太人永久社区。犹太人大量迁离的第二波浪潮发生在尼布甲尼撒统治时的公元前 590 年和公元前 580 年，目的地是巴比伦地区。尼布甲尼撒在公元前 586 年毁掉了所罗门神殿。在公元前 530 年前后，巴比伦地区受波斯人统治，随后大批犹太人回到耶路撒冷。犹太人绝不会忘记巴比伦之囚所带来的巨大伤痛，也不会忘记波斯阿契美尼德王朝带给他们的恩惠。带领犹太人从巴比伦返回应许之地的领袖之一、书记员以斯拉，成为最早开始写下新版《托拉》(《旧约》前五卷，即“摩西五经”）的人。在此后的数百年里，离散的犹太人和马兹达教徒在今中东地区的城市里不断流动又相互依存。他们首先经历了波斯帝国统治，随后又听命于希腊人。显而易见的是，马兹达教的许多理念已超越自身，被其他宗教接纳。死海古卷就有力地印证了马兹达教的部分教义对其他宗教的影响。马兹达教在后来也产生过较大影响，例如公元前 2 世纪和罗马
人摧毁耶路撒冷之后的公元 4 世纪、5 世纪。犹太文本对波斯人的 12
态度大都积极，这与希腊经典文献中对波斯人的凶恶描述大相径庭。如此鲜明的对比也印证了马兹达教对后世宗教产生的经久持续的影响。

虽然对于马兹达教及其发展的解释十分复杂并存在一些问题，但天堂与地狱、人类对于善与恶的自由选择、神圣审判、天使（和天神)、单一造世主，以及类似弥赛亚的救世主等概念，都是玛兹

达教早期的真实特征，都对后世宗教产生了巨大影响。至少在西方世界里，马兹达教基本上是第一个超越邪教和图腾崇拜的宗教理论体系。其理念从注重个人选择和个体责任的立场升华至道德与哲学层面。从这个意义上讲，人们可以称琐罗亚斯德本人发明（或揭示）了当代道德伦理世界。

居鲁士大帝在公元前 6 世纪建立的阿契美尼德王朝有何独特之处？

公元前 549 年，一个名叫居鲁士（Cyrus）的波斯人发动叛乱，并成功占领了米底王国的首都埃克巴坦那。这一事件通常被看作波斯人建立阿契美尼德王朝的开端。（该王朝的名称根据居鲁士的祖先阿契美尼斯命名。阿契美尼斯在波斯语中被称为哈卡梅尼什。）在此之前，波斯人受米底王朝统治，而从公元前 549 年开始，情况彻底翻转。居鲁士大帝统治伊始，其施政与米底人截然不同，他更加强调米底人和波斯人之间的共同合作。（在统治之初，米底人可能占据绝大多数，居鲁士本人则拥有波斯和米底双重血统。）除了
14 米底人和波斯人，与早期埃兰帝国有关的一些人，以官僚和书记员的身份在阿契美尼德王朝一直发挥着重要作用。阿契美尼德王朝的很多朝廷记录就是用埃兰文字书写而成的。

在随后的几个世纪中，特别是在色诺芬（Xenophon）的《居鲁士的教育》一书中，居鲁士被塑造成一个智慧、公正的国王形象。色诺芬的著作虽然有许多虚构成分，但却真实地揭示了居鲁士备受世人尊崇的事实（尽管希腊人一直习惯性鄙视波斯人）。犹太人对居鲁士可谓心怀感激，感激他在占领巴比伦后将犹太人释放，并同

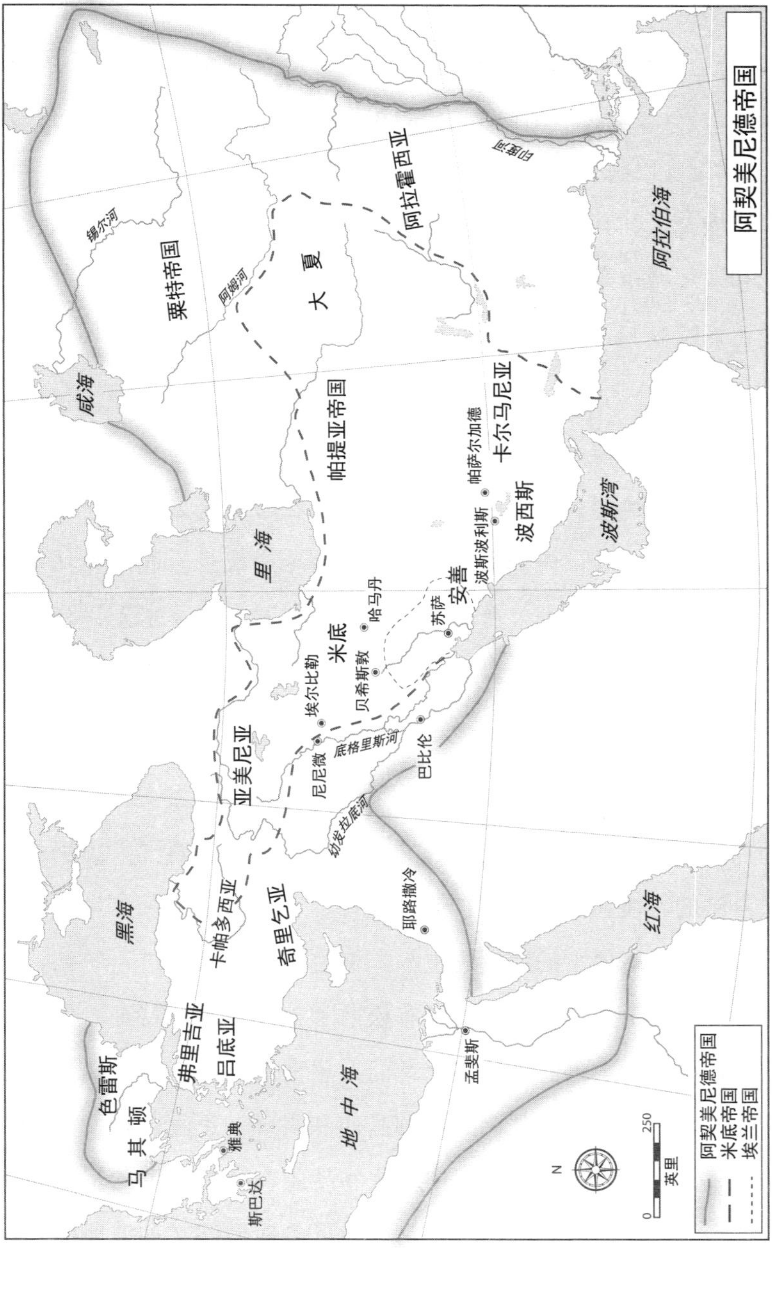

注：书中地图均系原书插附地图。

意他们回到耶路撒冷去重建圣殿。居鲁士的这一举措在伟大的“居鲁士圆柱”被发现后也得到印证。居鲁士圆柱刻制于公元前539年居鲁士占领巴比伦（巴比伦人在当年奋起反抗米底统治者）后，并于19世纪在巴比伦的废墟中重见天日，现存于大英博物馆。与亚述人、埃及人和其他帝国的创建者常常在铭文中记录囚犯、来袭的敌人和毁坏城市等以纪念胜利不同，居鲁士圆柱上刻载了居鲁士的仁慈、大度和宽容，以及对巴比伦人的主神马尔杜克（Marduk）的推崇：

> 当我以朋友身份进入巴比伦时，并以喜乐为准，在这天堂建立起政府时，伟大的神马尔杜克正在劝导宽宏大量的巴比伦人民去爱戴我，而我每天都不遗余力地崇敬他。我的大批军队在巴比伦境内行进，所到之处一片安宁祥和。我不允许任何人威胁苏美尔和阿卡德。我致力于捍卫巴比伦以及其他圣城的和平安宁。

居鲁士允许他的属民，不仅仅是巴比伦人和犹太人，去信奉各自的神明。在他统治时期和之后的一段时间里，各属国人民仍可以
15 按照自己的习惯和法律进行自治，且管理者大多由本国产生。虽然并不是每一个居鲁士的后世君主都严格遵照他的模式进行统治，但总体来说，波斯人的统治明显带有松散和权力下放的特征。值得注意的是，居鲁士本人和他的继承者们无意将他们信仰的马兹达教强加给他人，但却将该教强调的道德品质和真理、正直、正义等融入全新、坚定且宽容的施政模式中。这些品质在阿契美尼德王朝后期的君主大流士一世时期的铭文中，比如贝希斯敦铭文和波斯波利斯

圣殿（始建于大约公元前 515 年）的铭文中也有所体现。最近的学术研究对于大流士一世自称的正直与诚实提出了质疑，但是他所宣传的内容确实在不断强化“良政”的品质，虽然他本人的一些做法还未达到相关标准。波斯人不仅要把阿契美尼德王朝建成一个“刀剑的王朝”，更想把它塑造成一个“思想的王朝”。

在居鲁士统治末期，他的帝国已经成为当时有史以来最大的帝国，面积涵盖了从爱琴海到印度河流域的广袤地带。他的儿子冈比西斯二世继续扩张，并征服了埃及。大流士一世也没有停止扩张步伐，不仅征服了色雷斯和马其顿，还挑起了波斯人和希腊人之间一系列的战争。这些举动深深影响了后世欧洲人对于波斯的看法，乃至对于整个东方的态度。希腊人（特别是雅典人）更倾向于将波斯人的形象描绘成颓废堕落、专横残暴的人，这种广泛传播的论调从没有得到完全的印证，甚至从来没有被印证过，然而希腊人对于自身凶残的一面以及其他方面的过失却视而不见。正如世人所看到的那样，《圣经》中有关阿契美尼德人的记载对于以上观念起到了更正的作用。

希腊人对于阿契美尼德人的偏见也提醒着人们，世人（包括当代伊朗人）对于阿契美尼德历史的认知，无论是来自希腊古典文献还是 19 世纪转录的古代铭文，基本来自西方的记载和学术研究，
而不是伊朗的历史传承。使用“Persia”（波斯）一词也反映了这一 16
点。由于阿契美尼德人来自“波斯省”，所以希腊人称呼他们及其帝国的子民为“波斯人”。在此先例（以及其他惯例）的影响下，罗马人也称来自这一区域的人为波斯人。此后，欧洲人由于大量学习希腊和罗马的经典文献，直到 19 世纪仍一直称这些人为波斯人

（欧洲人也同时吸收了希腊人和罗马人对于波斯人的各种偏见）。但是，在这漫长的岁月中，伊朗人一直称他们的国家为“伊朗”。最终在1935年，巴列维王朝的缔造者礼萨沙·巴列维（Reza Shah Pahlavi）正式要求各国驻伊朗使馆在正式的官方交往中称呼他的国家为“伊朗”（此举部分源自民族主义情结，同时也是为了将他本人缔造的巴列维王朝和被他推翻的恺加王朝加以区别，以确立自己的统治）。自此以后，“伊朗”一词成为大众普遍使用的名称。今日伊朗人仍然称他们的母语为法尔西语，即波斯语，因为在伊斯兰教进入伊朗之前，（古波斯）法尔斯省的方言就已经在文化上占据了主导地位。

帕提亚王朝和萨珊王朝时期，王权和政府是如何交替变换的？

伊朗的历史进程曾几次被外来势力打断。第一次发生于公元前334年，亚历山大大帝入侵伊朗，阿契美尼德王朝覆灭。由于施行了与居鲁士相似的宽松统治，亚历山大大帝曾一度巩固了他对伊朗高原的占领。他虽然是一个独裁者（没有任何雅典式民主），但他对于治下的伊朗人给予足够的尊重，并试图鼓励通婚来融合希腊和伊朗文化。公元前323年，亚历山大大帝在巴比伦驾崩。他死后，帝国也被手下的将军们瓜分，其中东部地区由塞琉古·尼卡特（Seleucus Nicator）继承（经过一系列战争后，战败的将军们被清洗，他们的领地也被别人吞并）。塞琉古延续了亚历山大大帝的统治方式，力求和治下的波斯人达成伙伴关系并下放了很多权力。但是他本人和他的继承者们从没停止过西征的野心，试图通过征服埃

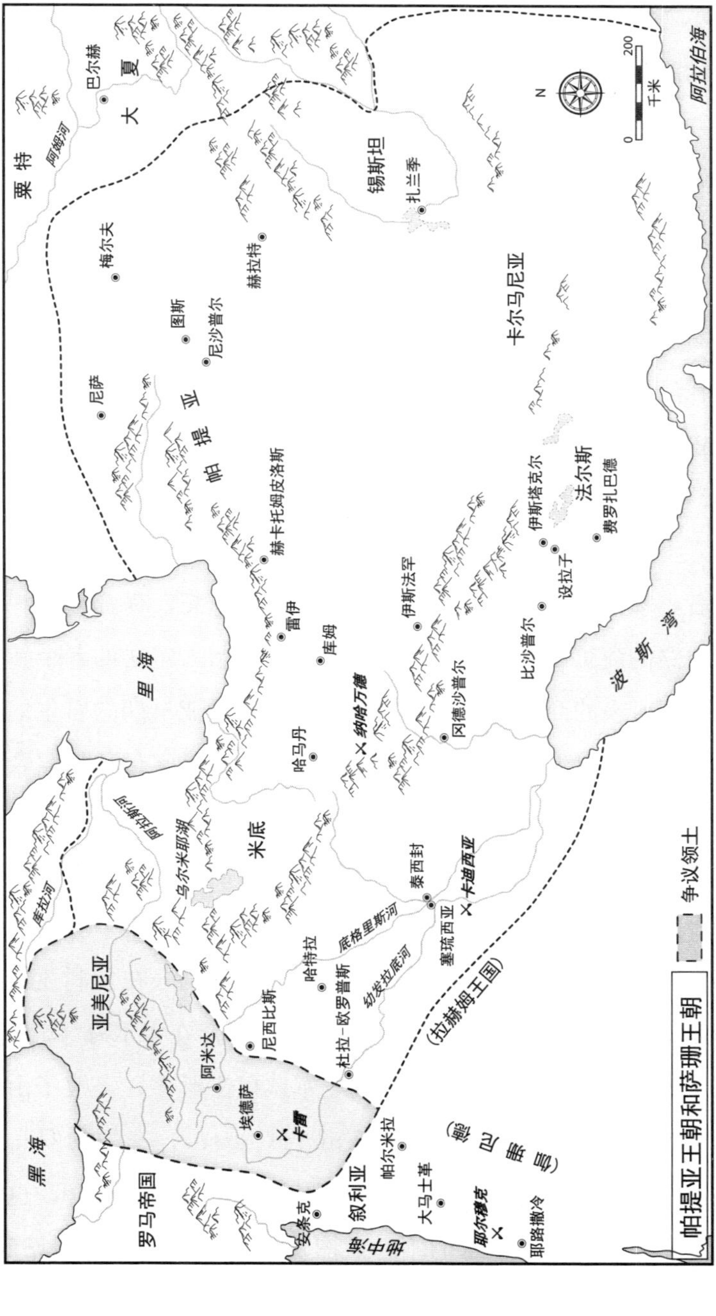
帕提亚王朝和萨珊王朝
争议领土
粟特
阿姆河
巴尔赫
大夏
锡斯坦
扎兰季
阿拉伯海
N
0
200
千米
梅尔夫
赫拉特
图斯
尼沙普尔
尼萨
卡尔马尼亚
帕提亚
赫卡托姆皮洛斯
伊斯塔克尔
法尔斯
费罗扎巴德
设拉子
比沙普尔
伊斯法罕
波斯湾
里海
雷伊
库姆
纳哈万德
哈马丹
冈德沙普尔
米底
阿拉斯河
乌尔米耶湖
泰西封
卡迪西亚
塞琉西亚
底格里斯河
幼发拉底河
哈特拉
尼西比斯
杜拉-欧罗普斯
(拉赫姆王国)
亚美尼亚
库拉河
阿米达
埃德萨
卡雷
黑海
罗马帝国
叙利亚
帕尔米拉
大马士革
安条克
地中海
耶尔穆克
耶路撒冷

及、小亚细亚、希腊，重现亚历山大帝国的荣光。他们取得了一定程度的胜利但却未获全胜。相反，塞琉古帝国东部的一些地区发动叛乱并最终独立。帕提亚帝国（大约相当于今土库曼斯坦和伊朗呼罗珊省北部地区）就是其中之一，当地人一直过着古老的伊朗游牧生活。

帕提亚是一个拥有马背文化的民族，他们的军队几乎全由骑马的弓箭手和小规模的装甲长矛骑兵组成。公元前 250 年至公元前 80 年，在经历一些阻碍和挫折之后，帕提亚人终于将自身势力扩展到塞琉古帝国的东部省份，并逐渐将塞琉古势力挤出位于帕提亚王国和不断东扩的罗马帝国之间的中间地带。罗马帝国的早期东征既与希腊人不断反抗塞琉古帝国统治有关（这些反抗者还包括大夏国的建立者，甚至是更东地区的人），又与方兴未艾、有着巨大利润的丝绸之路的商贸往来有关。丝绸之路贯穿希腊人定居的各个新兴城市，它所带来的商贸价值至少部分解释了帕提亚早期的君主们为何如此重视与希腊人的友好关系，他们甚至用希腊字母并按照希腊设计样式把单词“philhellenon”（热爱希腊人）刻在了本国货币上。
19 像塞琉古人和阿契美尼德人那样，帕提亚帝国依靠当地贵族或总督维持着统治。

塞琉古帝国被彻底消灭后，帕提亚人和罗马人在叙利亚与安纳托利亚半岛东部开始了直接对抗。公元前 53 年在卡尔海（Carrhae，位于今土耳其东部）战役中，帕提亚军队以少胜多，击败了由马库斯·李锡尼·克拉苏（Marcus Licinius Crassus）率领的罗马侵略军。这场战败给罗马人带来了空前的耻辱，令其难以忘怀，也激发了日后罗马的将军和皇帝们不断试图从克拉苏跌倒的地方站起来。

起初，无人成功。直到 116 年，罗马皇帝图拉真（Trajan）利用底格里斯河和幼发拉底河在美索不达米亚平原抗击帕提亚军队，并成功夺取首都泰西封（Ctesiphon），他自封“帕提亚的征服者”（Parthicus）来纪念这场胜利。对于帕提亚人和罗马人来讲，战争部分是为了夺取美索不达米亚平原北部、叙利亚和亚美尼亚广袤富饶的区域，但更重要的则是为了尊严。泰西封只被短暂占领，图拉真的继任者哈德良（Hadrian）放弃了整个东部占领区。在随后的 80 年内，罗马人分别在 164 年和 197 年两夺两弃泰西封。

危机的不断上演导致帕提亚帝国在 224 年彻底崩塌。帕提亚的末代君主阿尔达班四世（Artabanus Ⅳ）战败，一个新的王朝——萨珊王朝的君主阿尔达希尔（Ardashir）登上波斯王位。阿尔达希尔和他的继承者们从不强调自己与希腊人之间有任何关联，反而一再强调自己的伊朗人、波斯人、马兹达教信徒的身份。阿尔达希尔之名取自阿契美尼德王朝一位重要君主——阿尔塔薛西斯（Artaxerxes），而萨珊人与阿契美尼德人一样，都来自伊朗的法尔斯省。萨珊人与神职人员有着密切的联系，阿尔达希尔本人还有多位祖先是祭司。阿尔达希尔和他的后人沙普尔（Shapur）在建立萨 20
珊王朝之后的几十年中取得了一系列对罗马人作战的胜利，仿佛以此证明他们比帕提亚人更有资格成为统治者。沙普尔最终在 260 年俘获了罗马皇帝瓦勒良（Valerian）。

幸运的天平在作战双方之间左右摇摆，但到 5 世纪中期，罗马人和波斯人似乎达成了停火默契，因为他们共同面临一个来自北方的新的威胁——匈奴。萨珊王朝几乎覆灭，部分地区得以幸存也是因为匈奴人挥戈西进，转而攻击西边的罗马帝国。但匈奴人也只能算是萨珊王朝面临的诸多危机之一，饥荒、疾病、苛捐重税都推动着王朝走向衰落。关于这段时期的文字记载非常稀少，而且还是在许久之后才被记载下来。但这些危机却促成了一场带有共产主义性质的起义。这场起义由一位琐罗亚斯德教的异教先知马兹达克（Mazdak）领导。他对众人宣扬说教，提出既然私有财产和对于女人的占有欲望是导致世间一切罪恶的源泉，那么解决之道必然是将所有财产和女人公有化（但前提是必须女人自己同意，基本没有人会同意）。在起义发生之前，国内的贵族和祭司们可谓权势熏天又自命不凡，所以国王曾一度同马兹达克的起义力量结成同盟关系以打击这群人。可是当国王的目的一旦达成，他不仅立即与马兹达克分道扬镳，还组织了一个（琐罗亚斯德教、基督教和犹太教等）其他宗教领袖参加的公审大会来审判马兹达克。最终，马兹达克和他的追随者都被处死。整个事态完结后，国内随之形成了新的社会和政治秩序，国王在各个社会阶层之间扮演仲裁者和担保人的角色，平衡各个阶层势力并努力实现公平正义。一些人指出，这种社会分工与后来中世纪欧洲的政治形态具有相似性。中世纪欧洲君主也不
21 断强化土地权贵的社会地位以达到强化军队和增强王权的效果。

新型王权模式在霍斯劳一世·阿努希尔万（Khosraw I Anushirvan）国王统治时期（531—579）达到顶峰。霍斯劳国王以他公正和睿智的统治而闻名。他不但骁勇善战，还鼓励发展科学，崇尚学习，组织收集并翻译来自世界各地的文献。回首历史，他在位时期后来（伊斯兰教在伊朗普及后）被誉为黄金年代，而萨珊王朝的治理模式在他统治时期也最终定型。在这种理论中，战争的胜利来自神的恩赐，并给予国王一种王室荣誉的光环，显示出他统治

的正当性。但这种权利是有条件的——若国王施以良政，他的子民就会兴旺发达并支持其统治，国家税收丰盈，兵强马壮，形成良性循环；反之，若国王施以恶政，则民生凋敝，税收减少，国弱兵疲，国王最终将失去统治权（farr），形成恶性循环。他还会输掉战争，神将青睐反抗他和篡夺他权力的人。关键在于正义与良政。这些在萨珊王朝最后一个繁荣时期提出的施政理论（即使从未成为现实）在阿拉伯人征服伊朗之后，特别是 750 年后的阿巴斯（Abbasid）哈里发时期，又被重新解读和接受，成为整个伊斯兰世界在几个世纪中最有影响力的施政理论。

7 世纪早期，萨珊王朝和东罗马帝国（后人称之为拜占庭帝国）战端重开并步步为营，几乎重现阿契美尼德王朝的疆域。可惜好景不长，拜占庭军队卷土重来，一举攻入萨珊王朝腹地，于 627 年在尼尼微（Nineveh）大败萨珊军，波斯人之前的所有胜利都付之东 22
流。战争引起的武力冲突，对贸易活动的破坏，所带来的饥荒和疾病的传播，对于水利设施的严重破坏和毁弃导致的永久的耕地流失，都给双方造成了巨大的破坏。一般认为，这种破坏导致的萨珊王朝和拜占庭帝国的衰落，很大程度上有利于穆斯林在 632 年伊斯兰教先知归真后在这一地区的迅速扩张，这也改变了伊朗历史的发展进程。

为什么穆斯林能迅速征服伊朗？为什么逊尼派和什叶派水火不容？

伊斯兰帝国能够迅速扩张的原因之一是周边国家在先前的战争中国力消耗严重，而另一个主要原因则在于伊斯兰教这一新生宗教给予阿拉伯穆斯林军队的强大凝聚力和坚定决心。伊斯兰教早期历史对于伊朗的重要性，在于它解释了伊朗如何一步步成为一个伊斯兰国家，也解释了什叶派的起源问题。当今大部分伊朗人都信奉什叶派。

大约从 613 年起，先知穆罕默德开始在麦加宣讲伊斯兰教启示。由于在麦加受到反对和迫害，他和他的追随者们在 622 年前往麦地那，他在那里被拥戴为伊斯兰教信众的领袖，同时也教化很多当地人皈依了伊斯兰教。随着麦加人在 630 年的投降，穆罕默德与麦加之间的战争以胜利告终。到 632 年穆罕默德归真之时，阿拉伯半岛上绝大多数人都已皈依伊斯兰教。穆罕默德死后，他的追随者们发生分裂，艾布·伯克尔（Abu Bakr）成为穆斯林的领袖哈里发，他通过发动一系列针对周边非伊斯兰教徒的战事来增强自身内部的团结。当然，战争的另一动机是传播伊斯兰教和归化新教徒。
23 而伊斯兰教扩张的速度甚至可能令阿拉伯人自己都大为吃惊。仅仅 20 年间，他们就对拜占庭和波斯取得了决定性胜利，并占领了埃及、巴勒斯坦、叙利亚，以及之前的萨珊王朝所有中心区域的领土。拜占庭勉强将其在安纳托利亚半岛大部和其他西部几个省的统治维持到 11 世纪，而萨珊王朝及其帝国则土崩瓦解。琐罗亚斯德教开始衰落，并逐步沦为一个少数派宗教。穆斯林把不得使用武力迫使异教徒皈依定为一条戒律，但经过几个世纪后他们发现，皈依一个占统治地位的宗教确有其必然的优势。此后的几百年里，伊朗人主要被来源于外国的王朝和贵族统治。

对于阿拉伯人来讲，征服外族和成功后的喜悦让他们有了共同目标。然而整个穆斯林团体内部也存在着严重的分裂，而征服带来的所有结果和巨大财富又产生了更多的问题。纵观基督教历史，东正教和天主教的分裂，以及后来天主教和新教的分裂都是很久以后才出现的，并且很大程度上都是缘于神学观点的不同。与之相比，伊斯兰教什叶派与逊尼派的对立在穆罕默德先知归真（632）后就立刻产生了，其核心矛盾是领导权问题。

穆罕默德归真后，其追随者当中的一群关键人物认为他的女婿阿里应该成为新哈里发，而不是艾布·伯克尔。这群人后来成为什叶派，又称阿里派。艾布·伯克尔去世之后又经历了两位继承人，阿里才终于成为哈里发，但他的哈里发地位却并不牢固。他于 661 年被哈瓦利吉派（Kharijite）的成员暗杀，因为他们认为阿里轻易地向叙利亚总督穆阿维叶（Mu'awiya）领导的敌人妥协，这种行为背叛了哈瓦利吉派。阿里死后，穆阿维叶成为新的哈里发，并建立 24
倭马亚王朝。什叶派（虽然这个名称当时并未真正出现，但为了方便理解，称这群人为“什叶派”也并无不妥）认为哈里发应由阿里的后代（当然也是穆罕默德的后代）继承，而不是由穆阿维叶或倭马亚人担任。

对外占领带给倭马亚人源源不断的财富，当政后的他们在很短时间内就收获了生活奢靡和伤风败俗的恶名。680 年，阿里的儿子侯赛因（Hosein，穆罕默德先知的外孙）受到来自伊拉克库法人的激励，起来反抗倭马亚哈里发叶齐德（Yazid），并率领一小部分他的追随者向库法进发。但在他们到达前，叶齐德的军队就在卡尔巴拉（Karbala）将侯赛因一行拦下。侯赛因拒绝投降，于是叶齐德军将侯赛因和他的大部分追随者杀害，并将剩余随从悉数逮捕。这是伊斯兰教史上的重大事件。千余年间，什叶派从未遗忘，并每年在阿舒拉节游行来纪念此次事件。什叶派穆斯林和主流逊尼派［“逊尼派”名称来源于“逊纳”（sunna），即恪守先知穆罕默德言行的人］穆斯林之间的分裂自卡尔巴拉屠杀后进一步加深，矛盾也更加激化，这一状态至今仍未改变。什叶派一直都是少数派（在当今全球穆斯林人口中，什叶派的数量不超过 15%），并经常受到迫害，虽然偶尔什叶派也会掌权，其中比较出名的有 10—12 世纪位于埃及和北非的法蒂玛王朝。多数逊尼派穆斯林（不仅仅是极端分子）将什叶派视为异教徒，认为他们对于阿里、侯赛因及其后人（什叶派伊玛目①）的尊崇是偶像崇拜式的，而且还有不可接受的多神崇拜性质。

什叶派穆斯林的核心城市是“圣城”纳杰夫（Najaf，阿里下葬的地方）和卡尔巴拉，二者都位于今伊拉克境内，直到 16 世纪，
25 伊朗都不是什叶派的主要控制区域。但是，萨法维王朝于 1501 年开启之后，将什叶派定为国教，伊朗自此变成一个重要的什叶派伊斯兰国家。伊朗什叶派穆斯林信奉的是十二伊玛目派。他们尊崇阿里及其后人当中的十一人为伊玛目，并认为第十二代伊玛目从 9 世纪中期便已消失。他们认为第十二代伊玛目并未死亡，而是会在世界末日之时重新现身（将耶稣托在其肩膀之上）。其他较小什叶派分支［最有影响力的是伊斯玛仪派（Ismailis）］对于伊玛目传承有不同的信仰（本书其他地方提到的什叶派主要是指“十二伊玛目派”）。什叶派和逊尼派之间的分歧是一个重要问题，21 世纪伊始，随着政治伊斯兰的兴起，瓦哈比派和萨拉菲派等极端逊尼派势力的

① 什叶派伊玛目具有特殊含义，表示什叶派的宗教领袖及其道统的传承者。——编者注

抬头，伊朗和沙特阿拉伯之间的地区竞争的日趋紧张，什叶派与逊尼派之间的对立问题变得越来越重要。

什么是苏菲派？它对中古伊朗有何重要性？

简单来说，苏菲派（Sufism）是伊斯兰教一个带有神秘主义色彩的分支，强调个人精神层面灵修，通过冥想、祈祷等方式与真主直接交流。

但是，苏菲派的历史意义远超那些行为表象等外在事实。中古时期，它对于伊朗和其他一些国家极其重要，因为其教派信众使得大量农村地区、边远地区和新开发地区（如安纳托利亚半岛、印度北部）的人们纷纷皈依伊斯兰教。因其教派主张信众要保持谦卑、贫穷以及和包括牧民在内的社会下层人士打成一片，苏菲派信徒自然而然地扮演起传教士角色。而欧莱玛们（Ulema，宗教神学家、法学家）则留在有清真寺和拥有书籍文献的城镇当中。与欧莱玛们 26
不同，苏菲派在伊朗社会生活中影响力更加广泛，特别是在文学、音乐等领域。

鉴于社会上存在对于《古兰经》和《圣训》（*Hadith*）相关内容解读的需求，伊斯兰沙里亚法（Shari'a，伊斯兰教法的专称）应运而生。人们可以把苏菲派教义看作是让信众像先知穆罕默德那样尝试在精神层面上与真主进行直接交流，从而得到《古兰经》中神的启示。当然，也可以从另一个角度理解苏菲派现象，即它与欧莱玛在理解沙里亚法方面观点相左。苏菲派拒绝接受宗教生活只能沿袭既有的礼仪规范和行为准则的观点，而且这种拒绝往往会走向极端。苏菲派诗歌经常歌颂野蛮的流浪汉，他们衣衫褴褛，饮酒作乐，跳舞狂欢，四处游走，乞食为生，与非穆斯林交往甚密，并乐于享受各种婚外性行为。这种极端行为一方面是对持清教徒观点的宗教学者及其清规戒律的一种公然反抗，另一方面则是因为苏菲派坚信只有通过彻底牺牲自我才能获得最高级别的宗教体验。获得这种体验的方法之一就是禁欲、苦行、穷困和摒弃一切社会性追求与欲望，宿醉与性爱同样可用来暗示自我意识丧失。另一个更加隐蔽的原因是受到伊斯兰教创立以前的宗教传统的持续影响，特别是 5 世纪带有共产主义性质的马兹达克派所推动的取代琐罗亚斯德教运动和 8 世纪与 9 世纪的胡拉米派（Khorramites）；当然也有来自新柏拉图主义和基督教诺斯替主义（在这个方向上的另一个迹象是苏
27 菲派哲学中类别的扩散）的影响。伊斯兰化后的伊朗，各种宗教和政治运动兼容并蓄，异常活跃，这与日后的苏菲派有明显关联。苏菲派的大多数行为准则都更倾向于逊尼派，但其中非传统和叛逆倾向又与什叶派有密切关联。

在众多伟大的波斯诗人中，鲁米（Rumi）是公认的苏菲派。他在 13 世纪建立了一套苏菲派的行为准则，这些准则在今土耳其科尼亚省依然存在。其他诗人，例如萨纳伊和阿塔尔也是苏菲派。哈菲兹虽不是严格意义上的苏菲派，但与其他大多数苏菲派诗人一样，他的诗作中充满了苏菲派形象、理念和习惯。类似的还有萨迪和奥马尔·海亚姆。

通过传教活动、文学影响以及其他领域的活动，苏菲派对整个伊斯兰世界产生了巨大而持久的影响，这种影响力甚至可能已经超越了伊斯兰世界。一些人注意到，苏菲派教徒的信仰和行为与中世纪欧洲圣方济各会修士和吟游诗人，甚至与圣方济各（Saint

Francis of Assisi，圣方济各亚西西，简称“方济各”）本人在思想启发方面存在相似性。

被伊斯兰教征服后的几个世纪里，伊朗如何在多次外族侵略中得以保全？伊斯兰化前后的伊朗存在怎样的延续性？

在 7 世纪被阿拉伯人征服之后，伊朗于 11 世纪遭受塞尔柱突厥人（Seljuk Turks）侵略，13 世纪遭受蒙古人侵略，14 世纪末遭受帖木儿（Timur）和新一波突厥蒙古游牧战士的侵略。在几个世纪中，伊朗绝大部分时间都受外族统治。所有的外族侵略都给伊朗带来了破坏，至少是带来侵扰，有一些甚至是毁灭性的。由于伊朗怠慢成吉思汗的使臣，成吉思汗一怒之下使用残忍手段惩罚伊朗，1220—1221 年蒙古人入侵伊朗，并彻底摧毁了伊朗的几座城市。这 28
些被摧毁的城市位于今阿富汗、塔吉克斯坦、土库曼斯坦和伊朗呼罗珊省境内。这些东部城市一度因丝路贸易和覆盖广泛（耗时费力）的农业水利灌溉系统在内陆地区繁荣一时。其中一些城市如尼沙普尔（Nishapur）、图斯（Tus）、巴尔赫（Balkh），还是许多著名诗人的故乡和苏菲派的中心城市。整个呼罗珊地区（中古时期曾包含以上所有区域）曾经是阿拉伯和波斯文化交织融合的首善之地，在此地曾创造出波斯语言、文学和科学发展的“黄金时代”。蒙古人和他们的附庸突厥人，在一些人口达到数十万的城市中，例如梅尔夫（Merv）、乌尔根奇（Urgench）、巴尔赫，杀戮或绑架了几乎全城人口，水利设施毁坏殆尽，大片高产的耕地变成了可供放牧的草场。还有一些城市虽被重建或部分重建，也仅仅是为了让帖木儿大帝于 1383—1385 年再次摧毁。蒙古的多次侵略有效终结了自伊斯兰教征服呼罗珊后所带来的伊朗文明的繁荣发展。

但是，仅仅才过了几代人，蒙古征服者们就皈依了伊斯兰教，政府高层满是讲波斯语的伊朗人。早在塞尔柱人和阿拉伯人统治时期，伊朗人就证明他们对于新王朝和帝国来说是不可或缺的，因为有大量伊朗人在政府中担任书记员和官员。除此之外，还有许多的诗人、教士、文献插画家、建筑师、各种手艺人等也是伊朗人，这些都令征服者相信，伊朗人在任何时候都是至关重要的。波斯文明并没有被扼杀，而是不断演变，换个地点继续绽放。帖木儿入侵伊
29 朗的几年后，其子沙哈鲁（Shahrokh）登基并迁都赫拉特。波斯文化复兴并繁荣发展。

在国家伊斯兰化后的几个世纪中，在一波又一波的外族侵略中，伊朗的语言和文化仍然能够保全下来，原因就在于不断向侵略者强调自身文化影响力，乃至文化统治力。同时，这也说明在阿拉伯人到来之前，萨珊王朝文化就已经相当成熟并拥有高度的自信，一些社会阶层也具有较高韧性和适应能力，特别是上流社会的德赫坎（dehqan）① 阶层，他们为萨珊军队提供骑兵，也受益于萨珊王朝倒数第二阶段的君主制改革。

波斯语是在外族侵略中保持伊朗民族延续性的重要元素。对此的一种解释是，波斯语通过变革、吸收、简化，从而在国家伊斯兰化之后以新的形式出现。另一种解释是，当代波斯语是阿拉伯语和伊斯兰教对已有波斯语产生作用所形成的一种新语言。当代波斯语比起萨珊王朝时期的波斯语在语法方面已有所简化，并包含了大量

① 即萨珊王朝和伊斯兰早期的一类拥有土地的权贵。——编者注

的阿拉伯语词汇。这就好比当代英语从外族侵略者诺曼人所使用的法语中吸收了大量词汇，并于中世纪末期最终形成一样。在当代的新式英语出现后的几十年中，莎士比亚出现了。同理，那些伟大的波斯诗人也随着新式波斯语的诞生而将他们的才华展露世间。新型语言形式似乎都拥有一种内在能力去激发产生更新颖、更成熟、更细腻、更优美的表达形式。

这些最早期的诗人中就包括菲尔多西（Ferdowsi），他的巨著《列王纪》（*Shahnameh*）主要着墨于伊斯兰化之前的伊朗，涵盖宗 30
教、战争文化和君主的统治。在菲尔多西的时代，阿拉伯语词汇在波斯语中已然司空见惯，但菲尔多西依然尽可能地在这本巨著中避免使用阿拉伯语词汇。在《列王纪》中似乎可以看到先前诗人达齐齐（Daqiqi）的作品和遗留自萨珊王朝时期作品的身影。达齐齐和菲尔多西都受萨曼尼德王朝（位于今阿富汗巴尔赫省）的资助。萨曼尼德王朝将波斯语定为官方语言，同时把鼓励弘扬波斯文化和传统定为国策。

菲尔多西和后来的哈菲兹可能是当代伊朗人最耳熟能详的两位诗人。在《列王纪》中所记载的故事，例如《苏赫拉布和鲁斯塔姆》（*Sohrab and Rostam*）、《霍斯罗夫和希林》（*Khosrow and Shirin*）、《毕扬和玛尼耶》（*Bijan and Manijeh*）等，从过去的几个世纪一直流传到现在，在当今伊朗人中仍然家喻户晓，故事里所涉及的话语和各种表达方式依然被频繁引用。和后世诗人一道，菲尔多西及其诗作在当代波斯语形成过程中起到的定型和规范作用就如同莎士比亚的《詹姆斯国王圣经》之于当代英语、路德版《圣经》之于当代德语、但丁的《地狱》之于当代意大利语一般。与此同时，作品还加强了伊朗人的身份认同感。

显而易见，阿拉伯人的入侵中断了伊朗历史的发展轨迹，之后连续不断的外族入侵给伊朗造成的创伤使得这种断裂更加深化。但也必须清楚地看到，无论是萨曼尼德王朝、菲尔多西还是受阿拔斯王朝或其他统治者统治的伊朗大臣们，对于保存伊朗民族延续性和萨珊王朝精神文化有一种强烈的需求，尽管过程艰难且前景黯淡，但他们仍十分成功地做到了。不仅如此，他们在继承的基础上又把波斯文化带到了一个远超以往任何时代的新的繁荣高度。

31 中古伊朗时期，谁可被称为伟大的思想家、诗人？

在讨论伊朗人对于伊斯兰文化的贡献时，有人会认为这里存在派系之争。也许考虑到这一点，学者理查德·弗莱（Richard Frye）在对波斯的“黄金时代”所做的经典描述中援引了阿拉伯思想家伊本·卡尔敦（Ibn Khaldun）的观点。伊本在14世纪时曾写到大多数宗教法学者、科学家，甚至阿拉伯语语言学家都不是阿拉伯人，而是掌握阿拉伯语的波斯人。“只有波斯人在传承知识和系统地撰写学术著作。”接着伊本又引用先知穆罕默德的话：“如果知识被挂在天堂最高处，波斯人也会得到它。”人们不应将波斯人的贡献过分夸大，伊斯兰世界其他地方也出现了很多伟大的学者和思想家，但波斯人在8世纪到13世纪之间为伊斯兰文化的繁荣所做出的贡献是巨大的。

8世纪中期，阿拔斯率众起义并定都巴格达，建立新的阿拔斯哈里发国，史称“阿拔斯王朝”。阿拔斯王朝的建立对发展伊斯兰文化贡献卓著。被推翻的倭马亚王朝发祥于叙利亚，且带有强烈的拜占庭色彩。而阿拔斯起义源于呼罗珊，从起义之初就对外宣扬自身带有波斯文化特征。在随后的几十年甚至几个世纪中，阿拔斯王朝中大部分的书记官和官僚都是波斯人，尽管他们也学习阿拉伯语以处理日常事务。当阿拔斯王朝历任哈里发都建立学习中心［最著名的是哈里发哈伦·拉希德（Harun al-Rashid）于 800 年在巴格达创办的智慧宫（Beit al-Hikma），其子哈里发马蒙（al-Mamun）即位后将之扩大］时，他们沿袭了萨珊王朝时期的做法，就像他们在政治生活和政府管理方面也沿袭了霍斯劳一世的理念一样。之后的 32
王朝和政府（例如萨曼尼德王朝等）在资助文教与政府投入方面则传承了阿拔斯王朝时期的做法。这一举措直接迎来文化的繁荣，包括神学、哲学、玄学、宗教法则、语法和语言学，以及翻译其他语言经典著作等领域都获得长足的发展。同时，受益于翻译成果，其他领域也有所建树，例如数学［花拉子米（al-Khwarazmi）、阿布瓦法（al-Buzjani）、奥马尔·海亚姆（Omar Khayyam）］、医学［沙拉赫西（al-Sarakhsi）、拉齐（al-Razi）、伊本·西那（ibn Sina）］、天文学［法扎里（al-Fazari）、尼哈万蒂（al-Nihavandi）、法甘尼（al-Farghani）、纳西尔·丁·图西（Nasir al-Din Tusi）］、历史学［塔巴里（al-Tabari）］和政府理论学［有很多，但著名的是尼扎姆·穆尔克（Nizam ol-Mulk）］等。当时更产生了一大批横跨多领域的博学大师，例如穆萨（Musa）兄弟及横跨数学和天文学领域的比鲁尼（al-Biruni），兼通医学、逻辑学、天文学和其他诸多领域的伊本·西那。得益于修道士、僧侣阶层扩大对学术的资助，一批大学的建立，以及伊斯兰学者对以亚里士多德作品为代表的一批西方经典著作的翻译，西方学术思潮在 12 世纪不断扩展，许多伊斯兰学者也为西方所熟知（一些学者可能被西方学界冠以其他名字）。伊本·西那在西方被称为阿维森纳（Avicenna），阿尔-法甘尼被称作阿尔弗拉甘纳斯（Alfraganus）。

这些学者的著作能够广为流传并不仅仅因为他们以母语翻译西方先贤的作品和观点，同时他们也在很多领域里有自己的新发现，特别是在天文学、医学和数学领域。例如，拉齐（约 850—925）是第一个将天花和麻疹列为不同疾病的人。同时，他十分强调观察和批判式思维的必要性，在事实上建立了今天被称为科学方法论的雏
33 形，并著书记载了希腊医学权威盖伦（Galen）著作中的一些错误和不足。他还因为创立宗教怀疑论而名噪一时（之后的奥马尔·哈亚姆也因宗教怀疑论而出名）。比鲁尼（生于 973 年）也对医学和科学方法论发展有所贡献，同时写作论述比较宗教学，还著书讲述印度宗教、习俗、地理、历史，该书成为客观主义和宗教宽容的典范。伊本·西那生于 980 年前后，他的著作《医典》（*Canon of Medicine*）在 13 世纪被翻译成拉丁语，随后又被翻译成其他欧洲语言。《医典》在 17 世纪晚期之前一直是欧洲标准医学教材。西那其他的哲学类著作同样影响广泛。

9—13 世纪之间的知识井喷并非波斯民族的独有现象。伊斯兰世界其他地区同样产生了许多伟大的思想家和科学家。但波斯民族的贡献是无可比拟的。

得益于阿拔斯哈里发国建立后所掀起的知识浪潮，包括萨曼尼德王朝在内的波斯地方政权的发展，呼罗珊地区持续的文化热潮，新的语言形式所带来的新的表达契机，更重要的是同时期苏菲派的蓬勃发展，波斯诗歌在这一时期进入了前所未有的更新、更成熟的

时期。很难用三言两语阐述清楚这一成就。这一时期的优秀诗人所创作的诗歌数量之多可谓“令人生畏”。我们之前已经提及菲尔多西（和伊本·西那同处一个时期），另一个年轻一些的同时期人是纳赛尔·霍斯劳（Naser-e Khosraw，生于 1003 年），他一生创作了大约 30000 行诗作，其中约 11000 行流传至今。他和比他更晚一些的诗人的作品在风格上比菲尔多西的作品更偏向哲学与宗教。 34

奥马尔·哈亚姆（大约生于 1048 年）因其诗作在西方世界最为人熟知，其大部分作品通过爱德华·菲茨杰拉德（Edward Fitzgerald）的翻译和转译而在 19 世纪末（英语国家里）广为流传。但是在伊朗和其他东方世界里，哈亚姆主要是作为数学家和科学家而闻名，尤其是他提出了以太阳为中心的太阳系模型（虽然也有其他学者宣称是自己首次提出相同理论）和修订了精确历法。事实上，几乎没有哪篇诗作能被准确认定是他创作的。大量以四行诗形式呈现的作品是后人算到他头上的，主要是因为其他诗人为了躲避宗教审查而模仿哈亚姆的怀疑论语气并以他的名字发表。例如：

> 善良与邪恶，是人性的本质；
> 欢喜和悲伤，是命运和天意；
> 请不要将它们看作是天堂里的轮回。
> 你自己比命运的车轮管用千倍。

12 世纪著名诗人中的绝大部分属于苏菲派，其创作反映了呼罗珊和其他地区在那一时期的文化运动。最为著名的三人当数萨纳伊（Sanai）、尼扎米·甘贾维（Nizami Ganjavi）和法里德·丁·阿塔尔（Farid al-Din Attar，生于 1158 年）。据说阿塔尔一生创作了超过 45000 行诗歌。在蒙古人于 13 世纪 20 年代入侵并摧毁尼沙普尔城时，他在那里与世长辞。阿塔尔优美的叙事长诗《鸟儿大会》（*The Conference of the Birds*）令他比其他诗人更负盛名。长诗以寓言形式讲述了苏菲派通向精神满足的神秘之旅，也表达了苏菲派是一个表达大爱的教派。

35 苏菲派最伟大的诗人可能非贾拉尔·丁·莫拉维·鲁米（Jalal al-Din Molavi Rumi）莫属。他在蒙古人入侵前几年出生于巴尔赫地区。幸运的是，他父亲在蒙古人到来前就带领全家搬迁，最终在今土耳其境内的科尼亚定居。鲁米最伟大的诗篇《玛斯纳维》开篇写道：

> 现在听这芦笛的哀鸣，
> 似是诉说着离愁别绪。

诗句以隐喻形式表达了对与挚爱的人（和真主）重逢的渴望。这种形式由鲁米和他的追随者、继承者广泛使用。鲁米的追随者因纪念他而建立的莫拉维社团，至今仍在他的长眠之地科尼亚举行活动纪念他。近些年，鲁米在国际翻译领域知名度有所提高，在美国尤甚。

法赫鲁丁·伊拉齐（Fakhroddin Iraqi）也许是最完美地承袭苏菲派反常规的海兰达尔（qalandar）① 形象的诗人，他几乎拒绝遵从一切宗教和社会规则。还在少年时期，伊拉齐便在家乡哈马丹立志成为一名有建树的学者。但是，当一些海兰达尔到达哈马丹后，他的想法发生转变并追随海兰达尔们离开家乡，再也没有回去。伊拉

---

① 代指苏菲派苦修僧人。——译者注

齐是伟大的苏菲派思想家伊本·阿拉比（Ibn Arabi）的忠实追随者。1289 年，伊拉齐溘然长逝，他选择将自己的坟墓安放在阿拉比位于大马士革的坟墓旁边。

萨迪和哈菲兹同样受到苏菲主义影响，但他们却不愿自称是苏菲派。他们二人都生于设拉子（Shiraz），和菲尔多西一样，他们也广为人知，其诗作和语录也融入了伊朗人的日常生活。萨迪的许多诗歌都带有故事性和谚语特征，所以常常被引用。许多伊朗人会认为哈菲兹（生于 1315 年前后）是所有诗人中最伟大的一位。几个世纪以来，伊朗人习惯于将他的作品《诗颂集》用于占卜未来。人们随便翻开几页，通过解读页面上的诗歌来预测未来。 36

14 世纪以来，先后出现过许多波斯诗人，然而在此之前的诗人对伊朗文化和思想领域产生过重大影响却是举世公认的事实。包括 20 世纪的历史学家艾哈迈德·卡斯拉维（Ahmad Kasravi）在内的一些人曾批评诗歌传统助长了伊朗人在思想层面上的模糊、暧昧和逃避，促使人们去引用一两句简短和熟悉的诗句来处理较为复杂的问题，而不是直接给出答案或是引出深沉思考。即使如此，诗歌本身的优美和艺术价值却很少引人争论。这便是伊朗对于整个人类文明做出的最大贡献之一。

37 # 第二章　萨法维王朝和来自西方的影响（1500—1921）

伊朗何时、何故转为什叶派国家?

16 世纪初，一个崭新的帝国——萨法维王朝在伊朗高原这片土地上拔地而起。萨法维王朝发祥于阿尔达比勒（Ardebil）及其周边地区，即今伊朗西北部省份阿塞拜疆的东部地区，在蒙古人 13 世纪入侵伊朗后的一片混乱之中逐渐兴起。萨法维王朝得名于其奠基者谢赫萨菲（Sheikh Safi，1252—1334），萨法维人原本是一个苏菲派兄弟会的领导者。到了 14 世纪和 15 世纪，通过巧妙且富有战略性的联姻和极具魅力的领导力，他们将自身影响力和社会关系触角延伸至阿塞拜疆和安纳托利亚东部的一些好战的突厥系部落与大家族。

15 世纪，在谢赫朱乃德（Sheikh Junayd，1447—1460 年在位）领导下，萨法维王朝与古代伊朗领土上的统治力量突厥白羊王朝（Aq-Qoyunlu）结盟。萨法维人成功入侵基督教统治的格鲁吉亚境内，并借此一举发展成为一支强大的军事力量。在此后的岁月中，萨法维人与当地一些伊斯兰部落战火不断。萨法维的强大武力来源于基齐尔巴什（Qezelbash）[①]，他们是一群积极性高、攻击性强，充满宗教献身精神且对萨法维谢赫无限忠诚的游牧骑兵。虽然起源 38
于逊尼派，萨法维人却扩大了他们的追随者范围，笼络了很多部落追随者。这些追随者都紧密依附于伊玛目阿里，并逐渐转变为什叶派（在神学层面上水平较低，主要是热切的民间信仰）。16 世纪伊始，萨法维的年轻君主伊斯玛仪（Esmail）转而与白羊王朝作战，并在短时间内占领了大片领土，建立了一个大约和伊朗伊斯兰化之前的萨珊王朝面积相当的大帝国。帝国建立伊始，伊斯玛仪立刻宣布什叶派为新帝国的国教。

伊斯玛仪此举目的在于要求他的下属们对新国王有更强的奉献精神和更高的效忠度，同时也能使新帝国区别于以逊尼派为主的奥斯曼土耳其帝国，这也是伊斯玛仪在安纳托利亚争夺霸权的主要竞争对手。由于安纳托利亚居住着大量什叶派穆斯林，伊斯玛仪还想通过此举削弱奥斯曼土耳其帝国在那里的统治。然而，伊斯玛仪却在 1514 年查尔迪兰（Chaldiran）战役中惨遭大败，他麾下的基齐尔巴什勇士们在奥斯曼帝国大炮的轰鸣中成片倒下。自此，伊斯玛仪不可战胜的盛名灰飞烟灭，他梦想西进安纳托利亚的雄心也随之烟消云散。但是，萨法维王朝以什叶派为国教的信仰却保存了下来（甚至很大程度上以极端什叶派的形式出现）。自此，在 1500 年以前一直是逊尼派国家的伊朗彻底转变为一个什叶派国家，直至今日。

---

① 指信仰伊斯兰教什叶派的土库曼人民兵，绝大多数是来自小亚细亚东部及叙利亚的土库曼人。——编者注

阿拔斯大帝集权化改革为萨法维王朝崩塌埋下了哪些祸根？

伊斯玛仪之后，萨法维王朝迎来了最伟大的君主阿拔斯，史称“阿拔斯大帝”。他于 1588—1629 年在位，在位期间，广泛推行改
39 革，建立了一套带有现代化国家特质的更集权的君主制度，其中包括一支由国家供养并驻扎在新都伊斯法罕（Isfahan）的核心常备军，外加一套负责征收和支出税赋的国家官僚体系。他从高加索地区吸纳了一批带有基督教背景的亚美尼亚人和格鲁吉亚人以充斥新建机构，并希冀这些人会比基齐尔巴什官员们更加忠于君主。由于基齐尔巴什的尚武精神和内斗是前朝政局动荡的主要原因，因此阿拔斯的新政刻意对其进行了削弱。他重用基督教人士也可以被理解为是效仿奥斯曼帝国的政策。一个世纪之前，奥斯曼帝国的成功和扩张至少部分缘于其精英统治。他们从巴尔干半岛省份的基督教族群中雇佣（或绑架）儿童来充当军人［例如著名的苏丹亲兵“禁卫军”（janissaries）[①]］和管理者。在萨法维王朝，基督教徒应该，至少在形式上，皈依伊斯兰教。但是许多格鲁吉亚人会从伊斯兰化之前的名著《列王纪》中取名，例如罗斯塔姆（Rostam）、艾斯坎德（Eskander）等，而不是像穆罕默德（Mohammad）、阿里（Ali）、侯赛因（Hosein）这样的穆斯林名字，这就在一定程度上造成了混淆。这种现象使得许多人认为，这些格鲁吉亚人一旦回到家乡就会立刻转回基督教。

阿拔斯还把大量土地从基齐尔巴什手中收回，直接划归王室管

① 也译作耶尼切里军团。——译者注

辖。他改革地方行政长官的任免，实行任期制。在此之前，基齐尔巴什将地方执政权视为私人财产并期待在家族中传承下去，这是历任前朝中央政府走向衰败并逐渐被地方新兴势力取而代之的主要原 40
因。阿拔斯所采取的削弱基齐尔巴什势力并加强中央集权的政策取得了很大成功。同时，一次次战胜奥斯曼帝国的军事行动也使得阿拔斯威望空前，让施行这一政策成为可能。他夺回大不里士（Tabriz），并在执政晚期攻取巴格达和今伊拉克的大部分地区。虽然巴格达在阿拔斯死后不久得而复失，但大不里士却一直留在波斯人治下。

阿拔斯所组建的新型政府被证实强大且稳定持久，但他所推行的部分政策从长期来看效果并不好（值得注意的是，在这样一个疆域大、人口密度低、地形地貌险峻、经济活动时而分散时而集中、其他势力与中央离心离德的国度，阿拔斯加强中央集权的努力无论从哪个方面来看都是一场漫长而艰苦的战斗）。纵观阿拔斯一朝，甚至是整个萨法维王朝，国家对于苏菲派的支持呈递减趋势，而王室却进一步加强与什叶派的联系，对它的支持也呈上升趋势。这一政策与削减基齐尔巴什权力和扩大支持王权的基础是同时进行的。阿拔斯为了释放并加强这一政策信号，多次前往例如马什哈德（Mashhad）等“圣城”进行朝拜，并捐钱捐物。作为另一座什叶派“圣城”，库姆借此东风逐渐发展为教团活动和神学研究的中心城市。由于富有的贤达纷纷效仿阿拔斯，欧莱玛阶层的财富和社会地位迅速提高。此种现象一直持续到阿拔斯去世。同时，因为捐助给教会的财物无须缴税，所以大家纷纷对教会慷慨解囊。一个家庭的儿子当中如果有教会人员，那么捐赠财物实际上起到避税作用。

41 几十年中，向教会捐款之风大行其道。与其他财物发生转移的性质不同，向教会捐款是永恒的，所以从长远看，捐款就导致很大一部分国家财产长期处于免税状态，久而久之，国家财政遭遇了巨大的损失（这种现象与欧洲中世纪时期清教徒改革之前颇为相似）。

阿拔斯的另一项后来被证实对国家有害的措施是将王位继承人豢养在深宫之中、后宫之内。在此之前，王子们都是被外放到各省做封疆大吏，配一位导师辅佐。但是这也很容易导致反对派势力围绕在王子周围，在地方形成反对中央的势力，从而造成国家内部分裂。通过把王子留在宫廷，阿拔斯希望能够维持国家稳定，这一做法也是借鉴模仿自当时的奥斯曼帝国。然而，此举也导致了后世君主孱弱，登基前缺乏治国理政经验和得力下属来辅助统治。有时会有一种东方化的倾向，即君主们越来越沉溺于酒色——有大量证据证明历代君主对于二者的喜好。关键是，留在深宫的王子们变得越来越不能自理，放纵，懒惰，易受人摆布。以上特点无论对于哪个王室来说都不是什么好的发展趋势。

17 世纪末 18 世纪初，在萨法维王朝的最后几十年里，王室孱弱，党争不断，官员腐败，教会权力熏天，教权往往被用来加强对女性的控制，在某种程度上映射了 20 世纪的伊朗伊斯兰共和国。
42 这一时期也出现了对于少数宗教人群，包括苏菲派、印度教徒、基督教徒、犹太教徒和逊尼派穆斯林的极不宽容。这是十分不幸和不明智的举动，因为帝国的边缘地带往往被危险的逊尼派军事部落控制，他们日益感到被不宽容的什叶派教会排挤。而这些好战人群中率先揭竿而起的是阿富汗人。

萨法维王朝如何走向灭亡？纳迪尔沙为何影响深远？

1709 年，阿富汗人在坎大哈起义。一小股由阿富汗人和俾路支冒险分子组成的部队向西进军，并在古尔纳巴德（Golnabad）大败萨法维大军，并包围了萨法维首都伊斯法罕。1722 年 10 月，伊斯法罕陷落，萨法维王朝末代君主退位，阿富汗领袖马赫穆德·吉尔扎伊（Mahmud Ghilzai）取而代之。至此，萨法维王朝灭亡。但是，阿富汗却没有足够的军队占领整个萨法维帝国。借此契机，奥斯曼帝国占领了萨法维西部一些省份，俄国人则开进里海南岸地区。在呼罗珊和法尔斯省，当地军阀自立为王。大规模的混乱和外族大肆瓜分盛行，伊朗似乎就要烟消云散，仿佛即将重蹈 18 世纪波兰被周边国家瓜分的覆辙。

阿富汗人将萨法维王室成员几乎屠戮殆尽，只有塔赫马斯普王
子从包围中逃脱。他在波斯北部地区不断逃亡以躲避奥斯曼人和阿
富汗人的追捕，这种逃亡持续了几年，直到 1726 年，他带领几支
小规模军队出现在呼罗珊。在那里，他与拥有更多军队的当地军阀
纳迪尔·库里（Nader Qoli）会合，二人合力拿下当地首府、素有 44
“圣城”之称的马什哈德。经过一段时间的休整和招兵买马，他们
浩浩荡荡开向阿富汗，通过三次战斗，大败其军，并于 1729 年末
夺回了伊斯法罕。塔赫马斯普重回王位，登基称“沙”。但是很短
一段时间后，纳迪尔就明显成为这片土地上真正掌握权力的人。
1732 年，纳迪尔罢黜塔赫马斯普。当了一段时间的摄政王之后，纳
迪尔在 1736 年自立为“沙”。一系列针对阿富汗人和奥斯曼人的
战斗胜利使纳迪尔的篡位成为可能。在战斗中，他使波斯疆域重

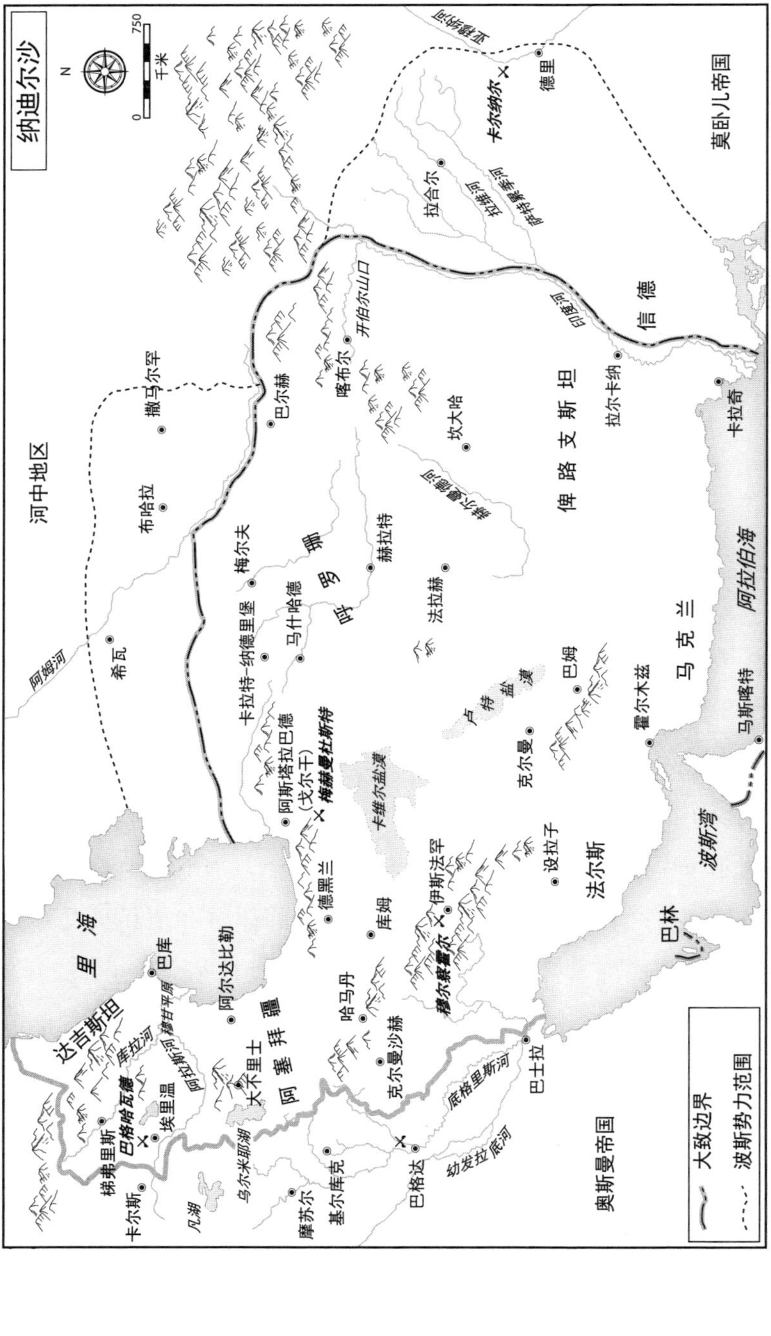
纳迪尔沙
N
0
750
千米
河中地区
布哈拉
撒马尔罕
阿姆河
希瓦
里海
巴库
达吉斯坦
阿尔达比勒
阿塞拜疆
大不里士
库拉河
阿拉斯河
穆甘平原
巴格哈瓦德
埃里温
梯弗里斯
卡尔斯
凡湖
乌尔米耶湖
摩苏尔
基尔库克
巴格达
幼发拉底河
底格里斯河
巴士拉
奥斯曼帝国
哈马丹
克尔曼沙赫
穆尔察霍尔
库姆
伊斯法罕
德黑兰
阿斯塔拉巴德
(戈尔干)
梅赫曼杜斯特
卡维尔盐漠
卡拉特-纳德里堡
马什哈德
梅尔夫
呼罗珊
赫拉特
法拉赫
卢特盐漠
克尔曼
巴姆
设拉子
法尔斯
巴林
波斯湾
霍尔木兹
马克兰
马斯喀特
阿拉伯海
卡拉奇
拉尔卡纳
信德
印度河
俾路支斯坦
坎大哈
赫尔曼德河
巴尔赫
喀布尔
开伯尔山口
拉合尔
拉维河
萨特莱杰河
卡尔纳尔
德里
莫卧儿帝国
大致边界
波斯势力范围

回 1722 年之前的疆界。自立为“沙”后，他又继续东进。占领坎大哈后，纳迪尔带领军队在 1739 年进入莫卧儿帝国领土，打败莫卧儿国王并攻占德里。这场胜利使纳迪尔名声大噪，甚至震动了欧洲。纳迪尔在德里大开杀戒，屠戮了大约 3 万人（德里发生暴动后，一些纳迪尔的人被杀），同时他还把大量珍宝运回了呼罗珊，尽管经历了一些波折。

纳迪尔在军事领域的成功部分源于他卓越的军事才能，但同样也与他精心准备、合理计划和军事创新有关。他的军队在阿拔斯大帝所做变化的基础上进一步创新，首次将火器配发全军，使火器成为决定战斗胜利的主要武器。他建立了一支常备军，并且在训练和演习中全部使用火枪，他还（特别是在 18 世纪 40 年代）建立了一支强有力的炮兵部队。军队规模在 18 世纪 20 年代只有 2 万人，至 40 年代初期发展到最多 37.5 万人。这些发展耗资甚巨，有证据显示他为了供养军队在行政和财政方面进行改革。结合纳迪尔统治期间的其他特点，这些现象不免令人联想起当代欧洲早期编年史中的 45
“军事革命”［尽管纳迪尔沙（1736—1747 年在位）短暂的统治限制了这种所谓的革命］。从理论上讲，这一系列的发展措施在欧洲最终促成了现代民族国家的产生。纳迪尔沙针对部族的改革政策可谓严苛无情，目的在于削弱各个部族的独立性，使其依附于他的意志并强化中央的管控，这也是发展措施的一部分，并且为 20 世纪礼萨沙的统治提供了一些预示（尽管礼萨沙的方法与之不尽相同）。

直到 18 世纪 30 年代末期，很多伊朗人都支持纳迪尔沙上位，因为他在阿富汗人起义和萨法维王朝崩溃的混乱之中重建秩序。当国家面对强敌和急需强有力的规则之际，纳迪尔沙以严苛的统治者和残酷却有能力的君王面目示人。他的许多政策，特别是宗教政策，都刻意区别于萨法维时期的混乱和失效的政策。他的政策甚至可以被解读成对于萨法维王朝晚期政府组织形式的一种批判。但是，他却是一个残酷的人。从印度凯旋开始，尽管他的威望和权势已经达到顶点，他的统治却呈现衰败之势。纳迪尔沙疑似患有肝病。1742 年秋天，他弄瞎了儿子礼萨・库里・米尔扎（Reza Qoli Mirza）的双眼（因为他怀疑礼萨设计谋杀他）。自那之后，无尽的懊悔和无穷的恼怒，以及过量的酒精和恶化的肝病的双重刺激，导致他好似一个下行的螺旋体，一步步走向万劫不复。他向子民们征收重税，即使是最亲近的下属也不例外。一旦下属抗议或无力偿付，他便施以酷刑。不少民众的经济状况和生活水平每况愈下。18
46 世纪 40 年代中期，在接连不断的起义叛乱中，纳迪尔沙的统治土崩瓦解。1747 年 6 月，纳迪尔沙被自己的贴身护卫杀害。

将纳迪尔沙的作为与欧洲的“军事革命”相提并论并不被所有的伊朗历史学家接受。他们通过一些事实证明纳迪尔沙的统治在当时令人厌恶。如果我们透过巴洛克时期的表象看其中的深刻内涵就不难发现，欧洲 16 世纪、17 世纪、18 世纪的战争史也许并不十分残忍和令人厌恶。纳迪尔沙的统治往往被史学家们所忽略。而这样做就有可能曲解那个时期历史发展的种种可能性，从而曲解那个时期和后续的现实。欧洲列强在 19 世纪对伊朗作威作福这一史实并非不可避免，历史中也存在着其他可能性。

纳迪尔沙死后，伊朗接连发生内战，经济崩溃，人民陷入贫困，生活悲惨不堪，人口大量移居他乡。据统计，伊朗人口从 18 世纪初的 900 万骤降到世纪末的 600 万。纳迪尔沙手下的一位军官卡里姆汗·赞德（Karim Khan Zand）统治了以设拉子为中心的伊朗南部和西部省份（他从未自称“沙”），并于18世纪六七十年代在一定程度上重新稳定了局面。其他纳迪尔沙手下的军官们也纷纷在格鲁吉亚和阿富汗地区建立小国。18世纪80年代，位于南方的卡里姆汗的继任者们为了争夺霸权地位而与来自北方的恺加（Qajar）部落发生内战。最终，恺加部落在首领阿迦·穆罕默德汗（Agha Mohammad Khan）的领导下赢得胜利。阿迦1796年登基称“沙”。在某些方面，阿迦模仿了纳迪尔，不幸的是，阿迦像纳迪尔一样，也是通过自己的军事才能和残忍手段上位的，其下场也类似纳迪尔，被自己人在1797年杀害。但是他的家族却牢牢占据王位。阿迦的侄子法特赫·阿里沙（Fath Ali Shah）继承王位并一直统治到1834年。

19世纪伊朗与西方的接触是有益行为还是有害之举？ 47

18世纪90年代之前，伊朗和欧洲各国之间鲜有交往，哪怕是和地理上最近的邻国俄国之间的来往也是时断时续。荷兰和英国商队曾抵达波斯湾沿岸。16世纪和17世纪早期，葡萄牙人曾在霍尔木兹岛上建起堡垒从而控制了霍尔木兹海峡。欧洲游客、商人、传教士分别在不同时期抵达过这里。但是，18世纪，特别是1747年之后，所有上述行为都因动荡和经济崩溃戛然而止。

1783年，格鲁吉亚国王伊拉克略二世（Erekle Ⅱ）与俄国签署协议，使俄国成为格鲁吉亚的保护国。伊拉克略曾是纳迪尔手下一位军官，曾随他一道赴德里作战。可能是忌惮于波斯地区持久的动荡，伊拉克略转向与他本人有相同宗教信仰的俄国人寻求庇护。然而事与愿违，阿迦·穆罕默德汗挥师格鲁吉亚，在 1795 年摧毁梯弗里斯城①，并裹挟 1.5 万名妇女儿童当作战利品。作为回击，俄国人 1799 年出兵格鲁吉亚，随后吞并全境。野心勃勃的俄国人将高加索山地区视为进一步扩张的竞技场，而法特赫·阿里沙则依旧认为格鲁吉亚是属于波斯的一个省。双方之间的战争势在必行。1804—1813 年、1826—1828 年的两场战争最终证明，伊朗在军事方面无法与俄国匹敌。尽管在一些战斗中取得了部分胜利，但伊朗军队（虽然努力追赶）在效率、演习、训练和人员层次方面全面落后。俄国方面巨大的人员储备和物资优势足以碾压伊朗军队。不仅仅是军队层面，地域广袤的俄国已经发展成（经过同欧洲对手一番
49 竞争之后）一个中央权力更加集中、组织更加有序的新型国家。伊朗自纳迪尔沙改革之后本有机会成为同类国家，但却最终错过了历史赋予的机会。

1813 年《戈勒斯坦条约》和 1828 年《土库曼查伊条约》的签订使伊朗举国蒙羞。除了格鲁吉亚，伊朗还失去了今亚美尼亚、达吉斯坦（Daghestan）、纳戈尔诺-卡拉巴赫（Nagorno-Karabagh），以及阿塞拜疆全境。其中的一些领土（特别是达吉斯坦）虽然麻烦不断，但总体来说，相比于伊朗其他地区，它们普遍富饶且人口众多，因降雨量大和农业产量高而相对发达。

然而，失去领土还不是屈辱的全部。受制于《土库曼查伊条约》，伊朗人被迫放还自 1795 年就在押的基督教俘虏，向俄国支付大量战争赔款，签订有利于俄方的通商协议，同意俄国人在伊朗拥

① 梯弗里斯即格鲁吉亚首都第比利斯的俄语旧称。——译者注

恺加王朝时期的传统部落和语言分布地区

有领事裁判权，允许俄国领事官员在伊朗全境自由通行。甚至还有条款规定，俄国有权对未来波斯王位继承问题进行监管。

随后一百年里所签署的各项条款不仅更加屈辱，还使伊朗进一步丧失主权。特别是像英国这样的欧洲列强想方设法为本国公民和商人从伊朗取得了与俄国人类似的优惠待遇。

19 世纪初期，伊朗恺加王朝同俄国战争失利的部分原因是英国、法国等其他欧洲列强从中扮演角色。彼时，英、法深陷拿破仑战争而彼此充满敌意。两国在不同时间分别同恺加王朝签订同盟条约，但当法特赫·阿里沙向双方求助以对抗俄国人时，英、法双双
50 选择背约。比如，在 1807 年《芬肯施泰因条约》框架下，拿破仑同意帮助伊朗，但几个月后，他就转而同俄国签订《提尔斯特条约》。英国与伊朗在 1809 年签订同盟条约，1812 年在向伊朗提供军事援助的问题上却态度冷淡。当拿破仑与俄国重新开战之后，英国转而成为沙皇盟友。后来，在《土库曼查伊条约》框架下，英国虽以调停国身份出现，却更加偏向俄国而非伊朗。

事实上，法特赫·阿里沙一直在寻找一个可靠的盟友来共同对付俄国，而对于英、法来说，与沙俄结盟比同伊朗结盟更有价值。伊朗恺加王朝一直试图以平等姿态出现在欧洲列强面前，但却因缺乏军事影响力，一直没有被欧洲列强平等对待过。法特赫·阿里沙慢慢学会了外交游戏规则，继而发现他对于欧洲列强来说实在是无足轻重。这种令人屈辱的从属地位在随后几十年的伊朗与英、俄交往过程中被不断加强。

1838 年和 1856 年，法特赫·阿里沙的继任者们曾两次试图重夺赫拉特，这个在 1747 年之前本属于伊朗的历史名城。但是英国

干预并阻止了伊朗的行动。在整个19世纪，英国都不断试图捍卫印度边境，害怕俄国利用伊朗领土侵蚀印度。伊朗被英、俄两强夹在中间，却无力制止外部干预，同时还需要借助它们来发展本国经济。另外，由于王室早已入不敷出且无力征税（其军队数量不足以控制德黑兰以外地区），因此国王还需要不断向英、俄两国贷款。

1872年，拜伦·德·路透（Baron de Reuter，路透社创始人， 51
英文名为Paul Julius Reuter，一般译为保罗·路透）得到英国政府支持，同伊朗纳赛尔·丁沙（Naser od-Din Shah）签署了一揽子发展项目条约，以垄断之势横扫伊朗国内众多领域，包括发展矿业、修建工厂，以及修建连接里海和波斯湾沿岸的铁路。作为回报，路透则给予沙4万英镑。但是俄国方面反对这项交易，伊朗国内也有反对声音。沙最终让步并取消了协议，但却没有返还路透的资助。这场争端持续数年，直到1889年路透才放弃他的要求，作为补偿，路透得到了建立波斯帝国银行（Imperial Bank of Persia）的权利，并垄断了印发伊朗国家货币的业务。在此期间，俄国向伊朗提出铁路修建的竞争性计划，但由于英国干涉也只能作罢。在同时期的世界其他区域，特别是位于美洲新发现的区域和俄国亚洲部分，铁路基础设施的修建带来了巨大经济利益和发展红利，新的疆域被开发并快速发展。但在伊朗，地域广袤、地形复杂和各个城市之间相对孤立的状态在几个世纪以来一直是经济融合发展的巨大障碍。铁路本来能够带来巨大利益，但是，这个国家却连1千米的铁路都没有修建。

大量舶来商品不断渗入伊朗市场，伊朗国内经济状况也发生了根本性改变。在廉价进口商品面前，大量伊朗本土产品根本无力赢得市场竞争（特别是包括谷物和糖在内的主要农产品以及纺织品），所以本国农业转向生产用于出口换汇产品（例如棉花和鸦片）。粮食生产力的下降导致了严重饥荒，特别是 1870—1871 年，大约十
52 分之一的人口饿死。饥荒在日后不断发生，特别是在第一次世界大战期间。经济结构的变化激怒了很多人（尤其是小商贩），并引起了针对路透特权的反抗。

1879 年，在俄国的帮助下，伊朗国王组建了一支名为“哥萨克旅”（Cossack Brigade）的军队，稍稍缓解了军力不足的窘境。在恺加王朝统治时期，哥萨克旅成为国王直接领导的一支劲旅。后来，哥萨克旅（至少在名义上）发展为师级单位，但它所辖人员最多时也只有 6000—8000 人，根本无法掌控伊朗全境。哥萨克旅的普通士兵为伊朗人，但军官由俄国人担任。这意味着这支军队对于伊朗国王的忠诚度是值得怀疑的。至少，伊朗国王不敢悖逆俄国沙皇。纳赛尔·丁沙一朝，其统治越来越趋向保守，逐渐对英国放弃幻想，也越来越全方位地倒向俄国。

19 世纪 90 年代早期，烟草垄断引发的争端在某种程度上重演了路透特权。1890 年，伊朗国王将垄断权授予一位英国商人塔尔伯特少校（Major Talbot），他能够在无任何竞争的环境中自由地向伊朗购买、贩卖和出口烟草。这一举动激发了国内的强烈反对：地主和烟草种植户们因被迫将烟草以固定价格卖给塔尔伯特而反对；市场小商贩们因完全被排挤出烟草行业而反对；一些在海外运营且持新派改革观点和民族主义观点的报刊的读者群也反对塔尔伯特的烟草垄断；欧莱玛阶层也反对，因为他们和小商贩紧密相连，且不支持国内的外来势力是他们的原则。各群体因利益组成联盟，并在之

后的运动中发挥了重要作用。1891 年，反对特许权的大规模抗议活动在伊朗各个主要城市爆发，最终在大不里士爆发了一场叛乱，而首都德黑兰发生的游行活动遭到军队开火，从而引发了更多游行示威活动。教团组织了抵制运动，成功迫使国王在 1892 年提前取消了这一特权，但特权撤回却让伊朗债务缠身。 53

外来干预，领土丧失，主权丧失，经济自主权丧失，国家名誉丧失，君主和政府部分权力丧失，国内愤怒情绪上升，社会主要阶层（主要是教团、小商贩、逐渐产生的受西方影响的新型知识分子群体）的民族团结情绪不断增长，以上种种就是 19 世纪伊朗与西方完全接触后所产生的社会特点和后果。

什叶派通过何种方式在 19 世纪的伊朗成为重要潜在力量?

直到 1924 年被凯末尔·阿塔图尔克（Kamel Atatürk）废除之前，哈里发制度一直是逊尼派伊斯兰国家最高宗教权威（一些人指出，近些年出现的类似于“基地”组织和“伊斯兰国”组织等神学无知团体是由废除哈里发制度所造成的真空状态引发的）。但是在 16 世纪萨法维王朝时期就将什叶派定为国教的伊朗却走上了另一条道路。直到 1722 年萨法维王朝倒台之际，什叶派一直与王室关系密切，但它们与王朝覆灭又存在千丝万缕的关系，其自身利益在随后的动荡中也受到冲击，首当其冲的就是纳迪尔沙没收了所有宗教财产。在接下来的几十年中，不少教士纷纷移民印度、奥斯曼帝国伊拉克地区或是波斯湾南岸沿线地区。

此低潮时期一直持续到 1979 年。那一年出现了一位自称能够 54
代表所有人的宗教人士，他夺取了国家的最高权力。为何会发生这样的事？它最早缘起于欧莱玛内部关于神职人员本质作用的争论，这种争论在18世纪末达到高潮（虽然争端的起源可以追溯至更早时期）。参与纷争的有两个派系——阿赫巴里派（Akhbari）和乌苏里派（Usuli）。阿赫巴里派认为每一个穆斯林都能够从《古兰经》和其他传统宗教典籍（《圣训》）中找到他所需要的指引，并且只能在有限的地方（如果能够知道的话），根据宗教法学对经典进行解读（创制，另作“伊智提哈德”[①]）。此观点与伊斯兰教逊尼派的立场十分接近。乌苏里派的观点则恰恰与之相反，他们认为创制具有合法性，且有必要按照新情况、新理念，在每一代人中解释宗教律法。只有经过训练和学识渊博的欧莱玛才有资格进行释义。

19世纪早期，在伟大的宗教学者阿加·穆罕默德·巴克尔·贝赫贝哈尼（Agha Mohammad Baqer Behbehani，约1706—1790）的领导下，乌苏里派逐渐占据上风，而阿赫巴里派则逐渐被边缘化。同时，根据新的要求，穆斯林效忠于欧莱玛，并要将自己收入的一部分献给他们。在每一代宗教学者中都会有一到两名教士成为欧莱玛阶层和普通穆斯林的宗教事务最高领导。这名教士被称作导师（marja-e taqlid或marja，即他人效法或者见贤思齐的对象）。导师向下级教士发布教谕以回应下级传达给他的问题、意见或咨询。全国基层教士也都需要向导师进献财物。高级别的教士在回应问题和
55 收取金钱的同时，名望和影响力自然而然地水涨船高。这就意味着在无需任何明确计划和蓝图的情况下，什叶派教会自然产生出宗教等级制度，这一点与天主教会十分类似，但却和逊尼派相对松散的制度

① 伊智提哈德：Ijtihad，即创制，穆斯林根据《古兰经》和《圣训》对伊斯兰教法进行解读和创造制度，从而作出法律裁决，其实质上是一种教法学术研究。——译者注

大相径庭。随着时间的推移，不断有满腔抱负的年轻人通过自身努力成为宗教学者，同时新的更高级别的身份标签也被不断创造出来以区别于普通教士，如霍贾特伊斯兰（hojjatoleslam）、阿亚图拉（ayatollah）。这套制度不仅帮助欧莱玛阶层不断加强自身在社会上的权威性，同时也帮助其实现财富的日益增长。在皇权相对衰微之际（即 19 世纪），欧莱玛成为独立于世俗统治的社会权威阶层。

沙里亚法，即宗教律法，用于规约穆斯林生活的方方面面。区别于基督教和其他很多宗教，宗教律法在伊斯兰教中存在着更加广泛的重要性，它赋予教士的角色和作用远远超越了在清真寺中组织信众进行祈祷活动。他们不仅是家庭矛盾、商务问题、司法纷争的仲裁人，还是刑事案件中的大法官、官方文件的公证人。在小城镇或乡村中，他们是唯一的权威人士，与当地长老或头人一道扮演事实上的长官角色。在较大的城镇和城市中，欧莱玛往往和集市中的商人及匠人关系紧密。商人与匠人在当地能够取得较高地位并非仅仅因为他们手中的财富，也是因为他们对于宗教的虔诚和敬重所带来的名望。他们往往通过捐钱的方式去表达这种虔诚和敬意，例如修补清真寺的房顶或为当地宗教学校捐款。商人家庭和欧莱玛经常通婚，二者共同组成的市镇统治阶层从 19 世纪末期以来就长期占据着政治生活的中心位置。通过宗教等级制度、长期宗教研修和家族关系建立起来的相互联系，欧莱玛在教士和普通穆斯林中编织起 56
了一张遍布全国，甚至范围更广的巨大网络。

在伊朗社会中，当世俗权威无法发挥作用或者面临挑战时，普通民众就会转向欧莱玛寻求指引，这时教团就开始发挥作用。高级教士不断以政治异见人士的身份出现，例如 1890—1892 年，

1905—1906 年，1951—1953 年（在非常有限的程度上），1963 年，当然还包括 1978—1979 年。他们能与其他欧莱玛沟通联络并协调行动，时常利用新型科技进行宣传（1892 年利用电报系统，1978 年利用磁带和复印机）。与其他群众性运动的潜在领导者相比，欧莱玛固有的宗教权威赋予他们更多优势。宗教权威使他们在面对镇压时享有一定程度的豁免权。世俗统治者们甚至在制裁单个毛拉[1]时都会很难，有时还会起到反作用，甚至根本就不存在这种可能性，因为高级别的宗教导师们往往不在伊朗各级政府的管辖范围内，他们住在纳杰夫，或者伊拉克境内的其他“圣城”。

1906—1911 年的立宪革命的起源和意义是什么？

作为伊朗在 20 世纪的第一场伟大革命，1905—1906 年前后发生的立宪革命是由长期因素和短期因素交织而成的。长期因素包括我们先前已经讨论过的一些现象，对于恺加王朝王室幻想的破灭，对于外来干涉充满愤恨等。但是，教士和商人的阶级利益也发挥了重要作用，他们是最具有表达欲和最富有的社会阶层。他们觉察到西方的入侵已经蚕食到他们的固有地位和特权。

57 到 20 世纪初期，伊朗大部分对外贸易，包括许多主要食品进口，都需要经过俄国。然而，1905 年俄国革命的爆发中断了两国贸易，使得伊朗物价飞涨。1905 年初，在伊朗北方的一些城市中，小麦价格暴涨 90%，糖价飙升 33%。贸易骤跌使得人民生活陷入困境，也严重打击了恺加政府，因为政府财政严重依赖海关税收

① 伊斯兰教国家对老师、先生、学者的敬称。——编者注

（伊朗海关被一个名为诺斯先生的比利时人控制）。1905 年夏季，伊朗爆发示威游行。当年 12 月，因为德黑兰省省长以投机倒把、牟取暴利为由鞭打了两名糖贩，游行再次爆发。示威群众在两位德高望重的神职人员带领下，要求罢免省长和身居要职的外籍人士，贯彻执行沙里亚法和建立司法院（adalatkhaneh）。对于司法院的概念最终应是如何，事实上一开始并不清晰，教团所设想的可能是由一群能够代表教士和中产阶级想法的社会贤达组成的较小规模的资政机构。国王被迫让步，但是在接下来的数月时间里，改革措施并未如期而至。1906 年夏天，游行示威卷土重来。这次，高级教士撤至库姆，而商贩、宗教学生和其他人在英国外交官的准许下，在位于戈尔哈克（Golhak）的英国公使馆附近避难，而后北上德黑兰。此次，他们不再被所谓的承诺欺骗，久久不肯散去。

示威者最初的愤怒和要求反映出教士及商贩阶层的态度与利益诉求，尽管游行示威看上去发展成了一场革命运动，而示威者的态度和诉求本质上仍带有保守性与矛盾性。总体来说，示威者希望一
个强有力的政府能够考虑他们的要求，抵御外来干涉并重建伊朗的 58
传统秩序。商贩们则希望结束外国人垄断、特许和其他种种特权，正是这些赋予外国人的权利将商贩们排除在有利可图的经济领域之外。教团还希望消除西方在文化和思想领域的影响（他们反感国王出访欧洲并和欧洲各王室保持密切关系，更不希望那些经国王许可的、由欧美基督教传教士在伊朗开设的学校在当地存在）。

然而，随着示威活动继续进行，至 1906 年夏末，其他声音开始逐渐涌现，特别是在英国公使馆前的集会中。那次集会的人数达到 1.4 万左右。在之前的半个世纪中，有一小群教育良好、受西方

影响的专业人士开始涌现，他们中的一些人来自教士或者商贩家庭，一些来自恺加王朝贵族分支，例如年轻的穆罕默德·摩萨台。在纳赛尔·丁沙时期，他们长期受到在国外以波斯语出版并被悄悄带回国的刊物影响，例如《法言报》(*Qanun*)、《星报》(*Akhtar*)。1896 年纳赛尔·丁沙被暗杀后，他的儿子穆扎法尔·丁沙（Mozaffar od-Din Shah）放松了原来的审查限制，允许创建报纸和一些政治社团（anjoman）。此次改革掀起了新闻活动和政治活动新浪潮，报刊数量从之前的 6 家激增至百余家。这些行动也显示出受西方思想影响之深，特别是在要求政治自由、代议制政府和法治方面。阿塞拜疆省和大不里士市在这些活动中尤为重要，因为它们在地缘上更接近土耳其和俄国，更容易受到外部影响，甚至通过与俄国阿塞拜疆地区的社会民主党人接触，产生社会主义思想。

59 整个 1906 年夏天，这些受西方影响颇深的人在戈尔哈克聚集的人群中不断扩大自身影响，使得一些有影响力的教士对于他们的主张产生同情之心。建立司法院的主张逐渐发展成要求建立普选议会和制定全方位的欧洲式的宪法，第一次强调了建立法治体系和有限的君主立宪制度。

穆扎法尔·丁沙对上述要求闪烁其词，但是他已经没有多少时间了。商店关门，经济停滞，海关收入枯竭，导致国家财政进一步恶化，同时他本人也病入膏肓。立宪派依然态度强硬，最终他同意召开立宪大会，制定宪法草案。时至 1906 年 10 月，宪法草案起草完毕并呈报国王。穆扎法尔·丁沙于 10 月 30 日在草案上签下了自己的名字。五天之后，穆扎法尔·丁沙驾崩（他是最后一个以“沙”的身份在伊朗去世的君主），但伊朗却有了一部宪法和一个议会（Majles）。

虽然接下来的发展纷繁复杂，宪法屡遭藐视和滥用，但宪法却成为伊朗政治生活的重要特征并一直沿用到1979年革命。1906年后，革命运动内部产生分裂，一部分教士反对立宪派新政府所颁布的受西方影响的改革方案，转而支持反动的君主制一方。穆扎法尔·丁沙的继任者穆罕默德·阿里沙（Mohammad Ali Shah）立志恢复不受限制的君主独裁统治并得到了俄国人的支持。他于1908年发动政变。次年，立宪派人士从全国各省向德黑兰进发并重建立宪派政府，穆罕默德被迫流亡海外。然而，内斗和暴力仍然不断，立宪派的努力最终在1911年被另一场政变终结，穆罕默德·阿里沙的小儿子艾哈迈迪沙（Ahmad Shah）被扶上王位。

一些愚昧的人不时认为伊朗和整个中东地区没有民主传统。但 60
是，至少在伊朗，这不是事实。尽管革命彻底失败了，但立宪运动从根本上改变了伊朗政治，这是不可逆转的。它为政治自由和新闻自由、为代议制政府、为伊朗抵抗外来侵略建立了一个坚实的民族主义和自由主义的基础，为伊朗未来百年的政治走向指明了方向。

61

第三章　巴列维王朝

英国在20世纪初叶如何逐步实现对伊朗石油的控制？

19世纪晚期，一长串对西方的特许权条约使得西方势力对伊朗步步蚕食，恺加王朝也因此日渐衰微。这些垄断条约赋予外国人在伊朗的经营以特权，同时，外国人给予王室丰厚现金、贷款或其他一些复合利益作为回报。欧洲人对于此类以榨取利益为目的的协议习以为常，他们在埃及以及中东其他国家所采取的手法大同小异。

19世纪70年代的路透特许权条约和19世纪90年代早期签订的烟草垄断协议最终都以失败而告终。但其他协议却成功了。1901年，一位名叫威廉·诺克斯·达克里（William Knox D'Acry）的英国商人在澳大利亚挣了第一桶金，随后他同伊朗政府达成协议，以2万英镑现金和价值2万英镑的股票换取在伊朗南部勘探与开发石油的权利。协议进一步规定，一旦发现石油，伊朗政府将获得其中16％的利润。

协议签订后，达克里立刻开始进行实验性钻探并为此年复一年焦急地等待着。随着试验屡试屡败，成本也在不断升高。1904—
1905 年，达克里濒临破产，（经过英国海军军官的斡旋）他从伯马 62
石油公司（Burmah Oil Company）得到 10 万英镑从而继续寻找石油。1908 年，资金再次面临枯竭，1905—1906 年爆发的革命也给这个项目的前景蒙上了一层阴影，伯马石油公司也威胁要撤出此项目。因此，当 1908 年 5 月 26 日在胡泽斯坦省（Khuzestan）的马斯吉德苏莱曼（Masjed-e Soleiman）地区最后一次钻井测试中一股石油蹿出地面的消息传到伦敦后，达克里和其他股东都如释重负。几个月后，他们就成立了英国—波斯石油公司（Anglo-Persian Oil Company）继续开发这块油田（达克里在 1917 年去世之前一直担任公司高管）。

英国海军介入达克里与伯马公司之间的会谈，意义非凡。直到 1908 年，英国皇家海军舰艇依然靠燃煤驱动，然而为了提高燃料效率，海军已经决定改换成燃油驱动。到第一次世界大战爆发之际，大部分英军作战舰艇已经换成油料驱动，但彼时，英国在世界上并没有任何油田储备。在伊朗的新发现给英国皇家海军提供了充足的燃料供应。依靠马斯吉德苏莱曼的油井产量，位于阿巴丹（Abadan）地区的炼油厂在 1912 年间日产 2400 桶原油，1918 年时日产量已经高达 2 万桶。为了确保油料供应，温斯顿·丘吉尔一手策划了英国政府收购英国—波斯石油公司控制性股权的操作。

长久以来，英国政府一直插手波斯和中亚地区事务以避免其他欧洲列强特别是俄国的介入，防止其对英属印度构成威胁。但是，至 1908 年，英国的战略重心发生转移。虽然 19 世纪的大部分时间里，英国和俄国在亚洲屡有摩擦，但是 20 世纪伊始，英国、俄国

和法国却成了盟友。之所以会有这样的变化，是因为它们都感受到一个日益强大的威胁——德国。对于英国来说，威胁主要（再一
63 次）来自海上。德国正在建立一支强大的舰队来挑战英国皇家海军的全球霸主地位。面对这一新情况，英国人和俄国人决定放下彼此恩怨，于 1907 年签订条约从而在伊朗建立势力范围。而两国此举并未同伊朗协商。俄国势力范围盘踞在伊朗北方，英国则得到了毗邻英属印度边境的东南部地区。英国的势力范围在 1908 年后迅速西扩，涵盖了新发现的油田地区。从此举可以洞悉，英国在伊朗的主要利益就是石油。

尽管俄国人成功镇压了立宪派，并在 1911 年 12 月以艾哈迈迪沙的名义在德黑兰重建了一个君主制政府，但国家的大部分地区并不在他控制之下。很多地区处于无政府状态或被地方部族领袖控制。第一次世界大战的爆发使动荡加剧，土耳其人、俄国人、德国人、英国人、地方革命者、君主主义者、部族势力，以及后来的布尔什维克，在伊朗领土上互相攻伐。这一局面再次印证了恺加王朝政府的无能，尽管政府在 1914 年就已对外宣布光荣中立。

英国人在 1921 年给予礼萨汗实权了吗？他是英国人的傀儡吗？

第一次世界大战时期，英国人（于 1915—1916 年）在伊朗境内屡屡败退，但却保住了胡泽斯坦省和其控制的油田。到大战结束之际，由于许多对手已经被彻底打败，英国得以独占鳌头，但也没有完全掌控局面。伊朗全国上下共有四股小规模武装力量，然而遥远的距离、残破的公路和持续的动荡使得他们彼此之间鲜有联络。国家处于极其困难的状态，法律体系和国家秩序被彻底摧毁，贸易

活动骤减，疾病和饥荒夺去了无数人的生命。然而在伦敦，英国外交大臣寇松爵士（Lord Curzon）却坚称，根据英国与艾哈迈迪沙 64
的外交大臣于 1919 年签订的英国—波斯协议，伊朗应当属于英国治下。但是协议从未真正生效，伊朗议会严格遵循 1906 年立宪派定下的原则，拒绝批准此协议。英国驻伊朗的战地指挥官开始意识到，无论寇松爵士如何考虑，他们都需要找到一个更加克制的、更专注于石油这一英国在伊核心利益，且更具可操作性的解决方案，毕竟英国在伊的军事力量十分有限。

英国—波斯协议的僵局一直持续到 1920 年底，埃德蒙·艾恩赛德将军（General Edmund Ironside）成为英国驻伊朗军队的全权指挥官。艾恩赛德将军是一个决策果断且思想独立的人，他在同伦敦方面商量前，就已经为英国在伊朗的尴尬处境找到了一套解决方案，此方案可以使英国军队从伊朗大部分地区安全撤出。哥萨克旅在战争中已经扩编为一个较弱的师级单位，但仍然保留着较多的俄国军官（这些军官在 1917 年革命后仍尴尬地留在伊朗）。艾恩赛德将他们全部罢免，并以军阶相同的伊朗军官代替。然后，又从这些伊朗军官中挑选礼萨汗（Reza Khan）作为事实上的指挥官。他又向礼萨汗授意，如果礼萨汗要进军德黑兰并建立军政府的话，英国军队是不会阻拦他的。

1921 年 2 月，礼萨汗果然就范，并建立起一个包含了民族主义者和先前立宪派在内的新政府。英国军队也悉数撤出（除了伊朗西南方油田周围的地区）。此后在不到五年的时间里，他数次击败分裂主义者、反对派、各省的部族军阀等一系列敌人，（在试图建立一个共和国却没有成功之后）礼萨汗建立起一个崭新的王朝并自立为“沙”，这就是巴列维王朝。

65 礼萨沙上位得益于英国驻伊指挥官的帮助，但这却违背了英国政府的帝国政策。他的上位其实是偶然状况和当地特殊条件交织的产物。上位之后，礼萨沙的统治并没有按照英国的指引或者尊崇英国人在伊朗的利益。他致力于将伊朗建成一个独立的现代化国家，将恺加王朝的软弱和屈辱抛诸身后，同时彻底改变自 1911 年以来持续十年之久的动乱和法治缺失状态。与英国人施加给他的影响相比，礼萨沙受凯末尔治下的土耳其影响更深，同时也可能受到他在哥萨克师服役共事的俄国军官的影响。他与立宪派有许多分歧，本能地倾向于集权，反对自由化。但他支持立宪派宣扬的伊朗民族主义思想以及他们对英国人动机根深蒂固的怀疑。

礼萨沙对伊朗的发展和现代化所做的努力是否成功?

掌权之后，礼萨沙第一件事也是最重要的事就是建立一支强大、高效且现代化的军队。军队是按照西方模式发展国家的第一要务，是妥善控制伊朗全境的首要保证，还是充分征税的首要依靠，而这一切在恺加王朝时期从未做到。如果税收体制完善并有效运转，礼萨沙就可以重新规范国家财政体系，（在石油收入的帮助下）并向军队、司法、健康、教育领域及公路和铁路系统等进行投资。为了使国家经济更加独立，他鼓励向用国内生产取代进口的产业进
66 行投资。到 20 世纪 30 年代末，伊朗已经建成大约 2 万千米的公路和 1500 千米的铁路。全国总入学人数从 5.5 万飙升至 45.7 万。军队规模从不到 1 万人扩编至大约 10 万人，还有数量更多的预备役人员，且军队都配备了现代化武器，还有部分坦克和飞机。

综观20世纪二三十年代，礼萨沙利用军队建立起他对国家的绝对控制，迫使地方部落屈服，并放弃他们的游牧生活，而在村庄定居。这一政策在部落首领中很不得人心（特别是这一政策往往还伴随着强制征兵）。但是在其余的平民百姓中却很受拥护，因为他们厌恶部落生活长期以来的法治缺位和强盗横行的现象，并将部落首领对政治的干预归咎为立宪革命后的一些创伤。

然而，礼萨沙统治期间的其他一些方面却难言成功，在他执政后期，伊朗社会各个阶层已经对他充满反感。也许，他最典型的失败案例就是和英国—波斯石油公司（1935年后改称英国—伊朗石油公司）就石油特权问题所展开的谈判。20世纪30年代早期，经过一段时间的紧张态势（和单方面废止特许权），礼萨沙不得不接受一个略有改进的协议，他借此能获得石油利润的20%（之前是16%）。然而，对他来说，这仍然算是一种屈辱，对于经济和财政来说也是破坏性的损失。礼萨沙的偶像凯末尔在国内就不需要忍受任何外来干预。礼萨沙在教育和司法方面的改革，以及他强推西式服装的措施都与凯末尔的世俗化、现代化政策如出一辙，但这也使他与欧莱玛阶层渐行渐远，该阶层在伊朗的影响力远大于其在土耳其的影响力。欧莱玛们对于一系列西式改革措施的厌恶之情受到许多伊朗普通民众的支持，特别是商贩，他们憎恶礼萨沙执行的国家对于某些 67
特定经济领域的垄断政策。自由立宪派反感礼萨沙滥用宪法、反对政治言论自由、操纵选举、杀害包括泰穆尔塔什（Teymourtash）在内的许多声名显赫的政要（虽然凯末尔也是个专制主义者，但他在自己所控制的政治体系中保留了一些行之有效的民主色彩）。健康和教育领域的改善是真实可见的，但主要局限于大城市中，而伊朗大部分人口分布在贫穷的农村地带，仍过着不健康和原始的生活。礼萨沙仓促地迫使他的国民进行并不情愿的变革，这虽然给他们带来了许多好处，但多数只有在长久实行后才能得到充分显现。他的许多成就甚至还达不到他自己所设定的目标，这一现象在政治领域更加突出。

英国人和苏联人为何在 1941 年占领伊朗并罢黜礼萨沙?

礼萨沙在他的多项基础设施和其他发展项目上利用了外国技术，但是他却对曾在恺加王朝时期以破坏性方式介入伊朗事务的殖民势力持十分谨慎的态度，并避免向英国人和俄国人寻求帮助。许多伊朗人持同样观点。年轻人去国外留学往往喜欢选择法国。20 世纪 20 年代中叶，礼萨沙雇用了美国人亚瑟·米尔斯波（Arthur Millspaugh）为财政顾问（但是由于和礼萨沙就军队建设所需要的资金发生争吵后，米尔斯波最终离开）；德国工程师帮助他修建公路和桥梁；德国学者助其进行语言改革，消除非波斯语起源的词汇。这些学者在 20 世纪 30 年代热衷于研究与雅利安主义相关的种族理论。正如先前论述过的那样，波斯语同拉丁语、希腊语、梵
68 语、英语以及德语都起源于印欧语系。基于此，有人将礼萨沙描述成类似于弗朗哥、墨索里尼或希特勒那样的法西斯独裁主义者。尽管这些相似之处也可说是时代精神的产物，但它仍然言过其实了。

英国和苏联在 1941 年 8 月入侵并占领伊朗，其直接原因是尽管伊朗宣布中立，但礼萨沙过于亲近德国又不愿驱逐德国技术专家和顾问。实际上，这些专家和顾问的人数也并不是很多。另外，当时人们普遍认为英国人忌惮于有人可能要发动有利于德国人的政变

从而想要将礼萨沙赶下台，这与不久之前伊拉克发生政变，罢黜了亲英的国王相类似。在希特勒 1941 年 6 月入侵苏联之前，《苏德互不侵犯条约》依然有效，美国尚处中立。1941 年 3—4 月，意大利军队和德国在北非的非洲军团取得了一系列军事胜利，尤其是隆美尔的巨大胜利，加上伊拉克政变成功，英国在中东的地位变得岌岌可危。希特勒进攻苏联之后，丘吉尔立刻转向同苏联协商战略合作计划。鉴于英国持续觊觎伊朗油田，其首要任务就是与苏联一同占领伊朗。对于苏联人来说，开辟新路径从而获得关键的战争资源也极为重要，再加上希特勒在当年夏天不断深入苏联境内并大量俘获苏联红军，这一需求变得日益迫切。

在此背景下，显而易见的是，1941 年入侵伊朗是出于盟友间冰冷的战略需要，而绝非出于对礼萨沙亲德倾向的评估。礼萨沙寄予
厚望的军队只做出了象征性抵抗，英军和苏军于 9 月在德黑兰会 69
师，礼萨沙下野并流亡南非，1944 年客死南非。他的儿子穆罕默德·礼萨①继承“沙”位。

首相摩萨台为何在 1953 年被夺权?

机缘巧合下，同盟国在第二次世界大战期间对伊朗的占领激发了伊朗国内强烈的民族主义情绪。被外国军队占领期间，新闻自由得以再次开放，至少比礼萨沙时期要开放得多。如同 1906 年革命前一样，新闻活动和政治活动再次井喷式涌现。在那个时代的世界其他地方，尤其是法国（那一代受过高等教育的许多伊朗人视法国

---

① 由于穆罕默德·礼萨是伊朗的末代君主，同时其父名字中也带有“礼萨”字样，为了便于区分，下文中称其为“巴列维国王”。——译者注

为精神上的第二故乡），大多数此类活动呈现左派和共产主义倾向。这是一个大增长、大影响的时代，也是属于左派伊朗人民党（Tudeh Party）的时代。人民党最初是一个土生土长的社会民主党派，但是很快就处于苏联的影响之下。

1945 年，社会政治热点开始关注苏联迟迟未从伊朗西北部的阿塞拜疆、库尔德斯坦撤军。1946 年末苏联军队终于撤出之后，国民关注点又转向更大的国家屈辱——英国对伊朗石油工业的控制。

穆罕默德·摩萨台属于伊朗老一辈政治家，（与许多人一样）他出身于一个贵族家庭，其家族可追溯至法特赫·阿里沙时期。他在法国和瑞士接受过良好教育，并曾在 1906 年宪法颁布后成为首届议会议员。出于对礼萨沙的恻隐之心，1941 年礼萨沙退位后他返
70 回伊朗，于 1944 年再次当选议员并成为伊朗民族阵线（Jebhe Melli）这一新政党的领导者。

摩萨台于 1951 年 4 月底（其前任阿里·拉兹马拉首相被暗杀之后）被任命为新首相。5 月 1 日，伊朗国王批准了其起草的石油工业国有化法案（议会于 3 月 15 日已在原则上通过此项国有化草案）。石油国有化的政策在伊朗国内广受欢迎，但却令英国政府深恶痛绝。第二次世界大战结束后的数年内，价格低廉的石油对于深陷泥潭的英国经济来说比以往更为重要。英国认为摩萨台是一个阴晴不定且不可信任的政治煽动家。石油国有化之后，英伊之间重启了关于友好解决争端的谈判，但最终毫无成果。英国方面开始考虑针对伊朗采取军事行动（效仿 1956 年苏伊士运河危机的处理方式），但最终被美国劝阻。他们开始转向在联合国框架内解决问题并为阻止伊朗开采石油而实施封锁。同时，英国情报机构也在积极

寻求颠覆摩萨台政府的办法，试图将其赶下台。这些措施包括大量接触伊朗政客以及英国在伊的其他代理人，同时游说美国政府与英方保持目标一致。美国主要忧虑的不是石油问题，而是担心摩萨台过于依赖得到苏联支持的人民党，从而成为苏联接管伊朗的一个跳板。

摩萨台于 1952 年 10 月强迫英国驻伊大使馆关闭并切断两国的外交关系。此后，美国政府成为推翻摩萨台的首要行动者。与此同时，虽然英国主导的国际禁运使得伊朗失去了石油收入，但是政府依然需要支付国内石油工人的工资和基础设施的日常开支，摩萨台政府遭遇了重重困难。他的一些坚定的支持者，包括重要的宗教界政客阿亚图拉卡沙尼（Ayatollah Kashani），都纷纷离他而去。 71
1953 年夏，英美两国情报机构发现机会并策划了一场政变。由于军队中人民党的支持者提前告密，8 月 15—16 日那晚的首次行动以失败而告终。伊朗国王由于担心最坏的情况发生，提前逃至国外。随后发生的一切充满不确定性和争议性。8 月 19 日，在大规模动荡（包括支持伊朗建立共和国的大规模游行示威活动）之后，第二次政变尝试成功地推翻了摩萨台（他被圈禁在家直至 1967 年逝世）。国王于 8 月 22 日返回国内，从此开启了一段个人统治和高压政治的时期，直至 1979 年革命。

摩萨台的倒台算得上伊朗在整个 20 世纪政治生活中的一个核心事件，在接下来的许多年中依然鲜活地存在于伊朗人民的政治记忆中，但是它的重要性对于伊朗人来说可谓因人而异。这种差异性取决于个人倾向于左派、君主主义者还是宗教同情派，甚至在某种程度上还取决于他们生活在伊朗境内还是流亡海外。1953 年政变沉重打击了伊朗的国内自由和民主政治，一些伊朗人，特别是年轻一代至此认为，更加极端的政治举措是必要的。政变还重挫了伊朗左派人士，使得他们元气大伤，难以恢复。在接下来的数年中，人民党也被国王的秘密警察毁之殆尽。尽管多年来从未有文件披露英国和美国介入摩萨台的倒台（英国政府在此后 60 年的书面文件里从未正式承认过介入政变），但大多数伊朗人很快就认为外国势力在摩萨台倒台和恢复王权的过程中起到了关键性作用，这使得人们对于外国政府干涉伊朗内政这一原本就根深蒂固的愤恨再次加深。很多伊朗人相信，国王从未真正摆脱 1953 年的阴影，在他们看来，国王就是美国人的傀儡。如此评价国王并不完全公平，特别是在 20
72 世纪 70 年代前半叶。但所有这些因素对导致 1979 年革命却发挥了关键性作用。

何为白色革命？

摩萨台政府并非仅仅专注于石油国有化，也同样致力于限制王权的改革，引入社会福利，改善卫生服务。摩萨台通过种种方式努力健全 20 世纪初叶立宪派改革计划中忽视的一些领域。同时，他也开始寻求在土地改革方面有所作为。

20 世纪 60 年代之前，伊朗农业依然沿用古老的方式进行生产。虽然各地区情况纷繁复杂，但总的来说，农业依然被一小部分地主把控着。他们当中的绝大多数来自当时著名的“一千个家族”（thousand families），即一群富有、保守、政治影响力大、拥有贵族血统和受过良好西方教育的人（教士阶层往往也是大地主）。农民在土地上进行耕作，与地主按比例分享成果，地主以地租的形式拿走绝大部分产出。一般认为，这种土地所有制形式使得农村人口（占伊朗人口的绝大多数）一直处于被欺压、生活落后的状态，而不参与劳作的地主不仅在经济上富足，还拥有强大的政治影响力。同时，这种形式也导致农业产量长期低下。国王对这种传统的农业经济状况的公然默许使得伊朗变得十分落后，这是反社会潮流的（特别是相较于埃及，纳赛尔政府自 1952 年起就采取一种积极的土地改革措施）。自 20 世纪 50 年代后期开始，思想进步的伊朗人发出了变革的呼声，且一浪高过一浪。20 世纪 60 年代伊始，新上台的美国肯尼迪政府更是向伊朗施压，促使国王开始认真考虑施行土地改革。

政府最初的土地改革方案搁浅了，所以国王在 1962 年又出台 73
了一套新的《土地改革法案》(*Land Reform Act*)，作为他所宣扬的“白色革命”六点计划之一，并于 1963 年 1 月就此法案举行全民公投。其他五点包括国有工厂私有化，森林国有化，妇女选举权，工人利益分成，将受过教育的年轻人组成文教队派到乡村教授初级读写。但这一计划日后又纳入了过多的其他措施。“白色革命”一词反映出国王希望通过改善人民物质生活条件从而抢占先机以避免一场马克思主义革命，或者红色革命。全民公投以多数优势通过了这一改革措施，但这是一场源自上层的革命，即精神上是男权为主（部分免除了妇女的投票权），对于行将就木的伊朗政治几乎没有作出任何改变。

土地改革是“白色革命”中的主要内容，根据改革方案，此前的农民耕种者可以通过较为优惠的价格购买他们耕种的土地，并享受优惠贷款。对于国王来说，这项政策有两个主要目标，当然还有若干其他目的。他希望通过此举，可以在农民中产生一群忠于王室的支持者（将农民从他们之前所忠于的教士阶层中剥离出来），同时鼓励农村过剩人口向城市流动从而成为新型产业工人。这也是他的计划之中经济向工业化转型的一部分。与此同时，由于许多地主存在亲英倾向并对国王统治存在疑虑，因此国王和他的改革策划者们希望对农业进行现代化改造从而提高农业产量，以达到弱化和边缘化地主阶层的目的。

但是，改革措施在实际的实施过程中却暴露出诸多弱点以及与
74 原计划相矛盾的地方。地主们可以每人保留一个村庄，但是有人却能够规避改革法，例如将财产转移给亲戚们或者开发机械化农场，以上两种方法可以合法绕开改革措施。大约 200 万农民首次成了地主，其中一些人过上了相对优渥的生活。但是更多人由于所占土地过小，难以维持生计。另外，还有大量雇农在改革前就不享有劳作分成的权利，所以整体被限制在重新分配机制之外。由于此次改革还伴随着农业机械化，这些人一夜之间变得无工可做。改革措施的直接结果（所产生的效应因人口快速增长而扩大）就是农村失业人口大量增加，大量人口从农村拥入城市寻找工作，德黑兰首当其冲。数据显示，伊朗国内人口流动率在 1972 年、1973 年达到每年 8%，1976 年，德黑兰已经发展成为一个拥有 450 万人口的大城市。

改革实现了城市化目标，甚至比预想的程度还要深。它同时也弱化了土地所有者阶层，但是却没有产生新的忠于国王的农民阶层。这些农民并没有对国王感恩戴德（可能他们一开始就单纯地认为土地本来就归他们所有），而是继续围绕在教士们周围。他们反感国家深度参与乡村事务（文教团的倡议在很大程度上也是一个失

败）和土地改革所带来的混乱，而这种混乱往往十分严重。地主或他们在当地的财产监护者们控制着社区的关键资源，例如负责维修灌溉设施和从事农产品交易等。另外，在 20 世纪 60 年代后期和整个 70 年代，政府为了保持食品价格在低位运行和保证城市粮食供给，从国外进口了大量主要粮食产品，而食品价格走低在整体上进
一步打击了农村经济。尽管政府为农业机械化和提高农业效率做出 75
了大量努力，但农业产量依然增长缓慢。“白色革命”取得了可喜的效果，但是这些效果中的大多数原本并不在计划之中。

巴列维国王的统治是如何在 20 世纪 70 年代发生质的改变的?

穆罕默德·礼萨沙并不像他父亲一样心志坚定，但却极度自信。他聪明绝顶，在与人相处方面却显得孤傲甚至笨拙。他 11 岁开始便在瑞士接受教育，视欧洲为第二故乡，但无论在欧洲还是在伊朗，他都无法完全融入。从父亲被迫退位到同盟国占领伊朗，从 1945 年第一段婚姻失败到 1949 年几乎死于暗杀，从 1953 年过山车般的政变（几乎将整个王室摧毁）到 1958 年和他挚爱的第二任妻子索拉雅离婚，以上这些林林总总使他在执政早期伤痕累累，甚至倍感屈辱。

1963 年，巴列维国王在首相的帮助下成功从这些骚乱和暴力动荡中走了出来，并启动了“白色革命”（尽管最终的全民公投支持“白色革命”，但是经济下行却导致失业率上升和异见分子死灰复燃）。阿萨多拉·阿拉姆（Asadollah Alam）首相对异见分子采取了及时且强硬的措施，秘密警察对这些人实施了更加严酷和全方位的镇压。20 世纪 60 年代后期，政府在 1953 年的改革中提高了石油

分成，使得伊朗经济开始增长。70 年代伊始，国王加强了对石油生产的控制，并通过和其他石油输出国组织成员谈判，使其同意将油价（于 1973 年）提升 4 倍。

76 巴列维国王亲身经历了 20 世纪四五十年代统治期间时刻受制于美英两国的阶段，现在他终于决定打破牢笼，破茧而出。标志性事件是 1971 年他在伊朗古都波斯波利斯遗址附近举行伊朗帝国成立 2500 周年盛典。这是一场宏大、昂贵且奢华的庆典。大批外国元首或元首代表受邀出席。庆典着重强调伊朗王室与伊朗伊斯兰化之前辉煌荣耀之间的紧密联系，而刻意回避伊斯兰教在伊朗民众心中的种种痕迹。它将伊朗刻画成一个在世界历史进程中占据核心地位的文明古国，并在当代重新变得强大而自信。典礼将这一信息表达得淋漓尽致，但也仅限在外国观礼者群体中。20 世纪 60 年代，巴列维国王出版了一本书《我对祖国的职责》(*Mission for My Country*)①。在书中，他将自己描述成伊朗人民的君父，将伊朗人民描述为任性且难以控制的，而实际上伊朗人更多是怯懦和保守的。国王写道，他希望伊朗人民能够在他的引领下（沿着西方发展模式）最终实现更高水平的政治自治，然而不幸的是他们现在还没有做好准备。至 20 世纪 70 年代，国王觉得可以摒弃这一姿态了，社会上也没有再出现向民主制度转型的各种言论了。

随着石油收入暴增，国王接受了许多西方媒体采访。采访中，对于欧洲和美国因油价快速升高所产生的经济阵痛，他鲜有恻隐之心，反而表示这是由他们自身腐化堕落和劳工慵懒所致。父亲遭到

① 此书中文版曾由商务印书馆于 1977 年出版。——编者注

罢黜而自己又饱受屈辱，以如此口吻攻击英国给他带来了一丝心灵的慰藉。沉浸在前所未有的独立自由之中，他缄口不提此前一直强调的民主政治。1975 年，他创立新政党——伊朗复兴党(Rastakhiz)，并废除了之前的两党制。此后，他发表演说，呼吁所 77
有伊朗人民要么加入复兴党，要么就离开伊朗，要么就被视作叛国者。复兴党成员遍布社会各个行业和角落，包括农村、教团和自由市场。相比于民主政治制度，这更像是先前的集权国家所采取的政治安排。

以上种种，就像国家经济计划和“白色革命”那样，全都是自上而下式的。复兴党不是一个草根阶层组织，所以并不能把人民的普遍关切和需求自下而上地传达给国王，它的建立是为了强化高层官僚意志和镇压异见者。巴列维国王本人并没有融入普通伊朗民众当中，由于害怕再次被暗杀，他远离人民，并在自己周围设立层层安保。他的身边满是阿谀奉承、溜须拍马的人，毫无疑问这些人只会说国王爱听的话，同时一遍又一遍地在国王面前重复各种政治宣传。国王生活在一个虚幻的泡影中，他坚信自己和子民们存在着一种如古代神话般的联系，但其实这种联系毫无现实基础可言。他建立起强大自信的基础是那样的脆弱和病态。

第四章　1979 年革命

鲁霍拉·霍梅尼是谁？他是怎样在伊朗民众中获得巨大影响力的？

鲁霍拉·穆萨维·霍梅尼（Ruhollah Musavi Khomeini）1902 年 9 月出生于位于德黑兰和伊斯法罕之间的小镇霍梅恩。他出身于宗教世家，家里几代人都是神职人员，并于 19 世纪早期在印度生活过一段时间。父亲在他出生后第二年就与世长辞，母亲在 1918 年撒手人寰，他因此成为孤儿，并在大家庭的抚养下长大。家人一直把他当教士培养，让他先后在斯尔坦纳巴德（Soltanabad）和库姆接受训练。但从一开始，霍梅尼对宗教学习的兴趣点就与欧莱玛的经典规范格格不入。他对伊斯兰神秘主义传统、哲学和诗学展现特殊的兴趣（许多持传统观念的宗教人士对于以上学科持怀疑和仇视态度）。他在学习过程中产生了一种认识，即强烈认为宗教应该在政治中扮演一定角色，反对正统什叶派所持的宗教人士应当自觉远离世俗事务的观点。霍梅尼的这种观点发展到何种程度，是受教于持异类观点的教士还是他自发产生的，人们对此尚不清楚，也许

是二者皆有。但可以明确的是，他从一开始就对自己的观点充满自信，并引起了其他教士的关注。 79

霍梅尼所推崇的伊斯兰神秘主义（来自 13 世纪苏菲派思想家伊本·阿拉比）的一个方面，就是他相信个人能够通过冥想、研习、祈祷等方式去净化灵魂。换言之，人能够在思想上和精神上使自己变成“完美的人”（al-Insan al-Kamil），成为上帝意志在人间的一种体现。这似乎成为霍梅尼个人使命感的一种范式。

霍梅尼所持观点是他个人走向政治权力中心的因素之一，另一个必要条件是教士们 12 世纪在伊朗取得的社会地位（第二章已有论述）。传统意义上，在许多村庄和小乡镇，毛拉是主要的掌权者（也许掌权者还包括一位地主和几位村庄长老）。12 世纪之前，中央政府在村庄和乡镇并不直接设立官员与代表。毛拉彼此之间互有联系，也通过个人友谊或在学习培训中发展而来的庇护关系，与主要的什叶派学习中心保持一定联系。但是与学习中心保持联系更重要的途径是效忠于某一位马尔贾（marja）①，并向其进献钱财。这种制度安排最终在宗教内部形成一种等级制和从属关系，这与欧洲天主教会别无二致。人们也可以把这种状态看成一种侍从关系。普通穆斯林已经习惯于向毛拉寻求建议和法律裁决，在遇到政治危机时，他们也会自然而然地依赖教士阶层。一些传统教士并不热衷于在政治事务中发表观点，而其他人，如霍梅尼，则恰恰相反。

西方势力在伊朗前所未有的全方位介入及其与日俱增的影响力使得教团进退两难。教团从来就不是一个同质的群体，不同教士对

① 又称大阿亚图拉，是什叶派穆斯林的最高宗教等级和宗教领袖。只有学识渊博、德高望重的穆智台希德才有资格出任。他们被视为安拉在世间的代理人。——译者注

80 于西方的态度各不相同，但是多数教士对此持怀疑态度，也有很多表示愤恨不满，一些人则公然反对。造成这种现象的部分原因是西方的社会和国家观念彻底颠覆了教团在社会中所扮演的角色，例如在教育领域和法律领域。另外，消息灵通的教士们自然知晓，自法国大革命之后，世俗化的理念已经在欧洲许多地区的社会中对宗教全面蚕食；他们也知道，一些伊朗人对于教团持敌对态度，而视世俗化为典范并持欢迎态度。这些教士也同其他伊朗人民一道，深感西方和伊朗政府强加给他们的屈辱。最终，这种仇视情绪深深植根于伊朗底层民众，导致西方势力在传统意义上被视为异类和伊斯兰教的敌人。

如何应对西方对伊朗这种渗透式的影响力？难道教团只能对此坐视不理，任由其蔓延发展？抑或举全教团之力，摒弃曾经的清高自大，同其他政治团体联合起来与西方势力斗争到底？站在 20 世纪 60 年代教团的立场看，后一种策略存在一个问题，即其他社会团体或在不同程度上或完全被西式思维方式所侵染，就连巴列维王室和世俗知识分子也不例外（更别说那些持共产主义观点的人了）。无论在立宪革命时期，还是在摩萨台政府最初的几个月里，举足轻重的教士同世俗开化人士结盟，但这种关系却变了味。

在此之前，教团同伊朗王室的关系也早已恶化，此现象在 20 世纪 30 年代的礼萨汗时期尤为明显。1963 年，双方关系再次恶化。1953 年后，教团总体上支持王室，与传统宗教立场以及宗教领袖阿亚图拉赛义德·侯赛因·布鲁杰迪（Ayatollah Seyyed Hosein Borujerdi）的理念保持一致。但是布鲁杰迪和其他教士强烈反对国王的土地改革方案。1961 年布鲁杰迪去世后，宗教等级的最高层一

时间出现真空。霍梅尼走到台前，并在随后的几个月里逐渐被大家 81
接受成为阿亚图拉，但还有一些其他人［例如莫森·哈基姆（Mohsen al-Hakim）和日后身处纳杰夫的阿布·卡西姆·霍伊（Abol Qasem Khoei）］作为马尔贾受到了更多的尊重。

在布鲁杰迪生前，霍梅尼遵守他的命令，并不公开积极参与政治。但是他的去世恰逢土地革命与国王的“白色革命”计划遭到广泛非议之时。霍梅尼对土地革命并不做公开评论，但是对国王的其他政策，例如女性选举权，国王与美国、以色列等国关系，提出了尖锐的批评。他虽然因此数次入狱，但并没有就此息声，他的批评也没有变得温和。他直截了当的演讲方式让他声誉日隆，以其独特的方式公然发表反对国王的言论，这在当时仿佛无人可出其右。最终，在1964年国王将他驱逐出境。他首先去往土耳其，随后转到伊拉克。

在伊拉克期间，他的政治主张日趋成熟。由于反对国王的政策，他干脆直接主张废黜君主制度，呼吁依据伊斯兰法学家的监护（velayat-e faqih）① 建立伊斯兰共和国取而代之。要理解和翻译velayat-e faqih这一专有名词有一定难度。Velayat表示代表制度或者是监护制度，即由于缺乏真正的权威人士，其他人被允许代为行使相关权力。Faqih是某一位宗教法学家，由一名研习过宗教沙里亚法的教士担任。所以velayat-e faqih通常被理解为宗教法学家的监护制度，本质上可理解为教士执政的权利。霍梅尼认为，真正的统治权应归属真主，或者是受到真主指引的隐遁伊玛目。在伊玛目

① 霍梅尼于1970年做了一系列演讲，并结集成书，该词也就成为书名，一般译作《伊斯兰政府：法学家的治理》。——编者注

隐遁的年代里，教团，或者是身处教团最顶层的马尔贾应该拥有统治权。原因有三：第一，总得有人来进行统治；第二，人类行为应当由沙里亚法来进行规范；第三，教士由于接受过沙里亚法的训练，是逻辑上唯一合适的人员。

82 霍梅尼的观点并没有得到广泛认同，甚至在 1979 年之前几乎无人知道。直到当年革命成功之时，他仅有的追随者也只是他早年的学生，例如侯赛因-阿里·蒙塔泽里（Hosein-Ali Montazeri）、穆尔塔扎·穆塔赫里（Morteza Motahhari）和穆罕默德·贝赫什迪（Mohammad Beheshti）。

后来，在 1978 年，迫于伊拉克政府的压力，霍梅尼离开伊拉克，转至巴黎。

哪些因素诱发了 1979 年革命？

不同于政变或能够给政治带来些许改变的小型事件，革命意味着翻天覆地的剧变。革命并不仅仅是替换个别人员，还会改变整个政治集团和社会阶层；不仅会改变国家政策或者政治纲领，还会改变整个政府体系、意识形态、国家宪法、公共准则；这种改变不会仅持续三到五年就消失，而是会持续几代人甚至影响全球范围。

根据以上标准，1979 年伊朗革命完全可以比肩 1789 年法国大革命和 1917 年俄国十月革命。但是，发生如此重要且具有如此规模的事件绝不可能只出于简单的理由。解释革命缘起的复杂性往往会引发争议。

几个不同社会团体和政治团体参与了 1979 年伊朗革命，他们参与革命的动机各不相同。有一种说法是这些团体在霍梅尼的领导下联合起来，共同反对国王。然而革命成功后，这些团体发生利益纠纷，一些人感觉被新建的伊斯兰共和国背叛了。所以，时至今日，在描绘革命发生的原因和整个过程时出现了几个被广泛认可的版本，这些说法各异且彼此相互矛盾。一个较为稳妥的观点是这些
说法各自都有一定的道理，这也就意味着革命是由多种因素相互交 83
织所引发的。

革命爆发的一个明显原因是国王长期没有给他的子民提供实现政治抱负的机会。1953 年后，老一辈伊朗人对此已懒于改变，但到了 20 世纪 70 年代，新一代伊朗人登上舞台，其中一些深受 60 年代风靡欧洲和其他地方的激进学生运动与暴力革命的影响。伊朗革命的一个重要团体就是由世俗左派学生组成的，他们甚至比其他团体更激进。其他参与人士还包括老一代左派人士、同情人民党人士、摩萨台国民阵线的支持者。有很大一部分受过教育的伊朗人仍然追求立宪主义和 1906 年制定的宪法原则。

另一个原因是国王刻意疏远教团，霍梅尼是最极端的一个例子，但其他教士对于国王所倡导的全面西化、世俗改革，对前伊斯兰时代伊朗王室的渊源的强调以及伊朗各个城市蓬勃兴起的西式物质享乐主义等也充满愤恨。和以往一样，与教团紧密结盟的是小商贩和工匠群体，他们对于经济模式的改变十分不满。国内乡村地区开始出现新兴超市和进口食品，导致了经济模式的改变，这种改变将他们从传统经济活动的中心地位推到边缘位置。这其中的许多人，特别是小商贩们的生活被伊朗复兴党完全搅乱。起先，他们以为只要安安静静地经营自己的生意，复兴党政权就会放他们一马，然而复兴党却要一竿子插到底，将改革措施直接指向社会最基层的

普通人的生活。在 1976—1977 年的通货膨胀引发的价格飞涨（堪
比 1905—1906 年通货膨胀）的过程中，有大批小商贩因所谓的投
84 机倒把而遭到逮捕。除了小商贩和宗教学生与教团紧密相连之外，
还有一个团体同时与宗教支持者和立宪派人士关系密切（即自由运动，虽然规模小，但是有十分重要的作用），另外还有两个极端学生群体：其中一个为伊朗人民“圣战”者组织（Mojahedin-e Khalq Organisation，MKO），它试图融合伊斯兰教与马克思主义；另一个则更加左派激进，即伊朗人民敢死游击队（Fedayan-e Khalq）。

引发革命的另外一个原因是人们对于当地社会经济状况的长期不满。土地改革造成的社会动荡和混乱，使得大量贫穷、未受过教育的年轻人涌向德黑兰寻找工作。伊朗经济在 20 世纪 70 年代初期和中期经历了短暂的上扬后，在 1976—1977 年开始下滑，在收入下滑和失业率上升的双重压力下，物价和房租却依然逐步走高。有证据显示，伊朗城市贫民在革命初期并未过多参与其中，但到 1978 年秋，工人的作用开始变得重要起来，他们的罢工游行严重阻碍了经济和政府的正常运转。经济下行使得所有社会阶层都开始感到不安并越来越多地抨击政府。国王个人统治和单一政党国家的显著弊病就在于一旦情况发生恶化，根本没有替罪羊来分担责任。

导致革命爆发还有其他因素，一些已经在前面提到过，比如国王与人民之间渐行渐远，且他认为马克思主义和英美政府的一系列行动才是对于他本人统治的主要威胁。但他的判断与事实可谓背道而驰。再有就是国王的病情。国王在 20 世纪 70 年代得了白血病，并且病情日益恶化（最终在 1980 年流亡期间死于此病）。

即使说了这么多，仍然无法完全解释革命为何会发生，因为只

有通过叙述解释了事件发展的先后顺序和应对这些事件的方式，才 85
能阐明国王是如何一步步失去权力，以及革命为何变得势不可当。

为何这场革命有如此深的反西方印记?

就革命本身而言，各种形形色色的态度与动机慢慢汇聚成一股反西方潮流。伊朗国内对于过去长久以来西方介入伊朗的深恶痛绝占据了更为重要的位置，无论是从 19 世纪以来西方占据伊朗领土并对国家百般羞辱，还是在两次世界大战中西方打破伊朗保持的中立并侵犯其主权。此后，西方于 1953 年策划的政变使这种对西方的愤怒情绪达到顶峰。然而与之矛盾的是，许多伊朗人却对西方国家（尤其是美国）的人民怀有一种亲近感甚至是崇敬感。在那个时代及以后，革命者们常说伊朗人的敌意并不针对西方国家的人民，而是完全针对西方各个国家的政府。产生这种复杂情绪，部分是缘于一种屈辱的失望感。许多受过教育的伊朗人对西方尤其是对美国颇为失望。他们认为，这些国家理应成为伊朗的朋友，并一再以朋友自居，但却屡次辜负了伊朗人对他们的信任。

对于受西式教育和西方思想影响较少的更为保守的伊朗人来说，电视媒体和大街上各种扑面而来的西式广告、电影和服装给他们带来的直观感受是令人厌恶的，他们对于这些西方元素给伊朗宗教和文化传统带来的影响也麻木不仁。许多人因为美国广告媒体的大规模轰炸而感到迷茫，并觉得受到冒犯。当时在伊朗居住着大量外国侨民，尤其是美国人（20 世纪 70 年代末期，数量多达约 5 万）。虽然也有例外，但总体来说伊朗人感觉美国人在当地表现得
傲慢自大，且毫不在意当地人的感受。从某种程度上讲，伊朗人在 86

自己的国家，特别是首都德黑兰，反而感觉像是外国人。霍梅尼也在 1979 年的一篇讲话中提道（讲话虽发生在革命之后，但霍梅尼本人的思想还停留在革命前的状态），西方将他们所标榜的自由强加到伊朗人民头上只是为了让伊朗人更好地受西方控制。

> 这些人渴望自由，渴望我们的青年也得到自由……但是，他们渴望的是怎样的自由？……他们希望赌场自由开放，酒吧自由开放，声色犬马场所自由开放，吸食海洛因者随意吸食，抽鸦片者自在抽吸，这就是他们用来阉割我国青年人的手段，使青年再也无力起来反抗他们……这些伪民主派受到那些想要掠夺我们、使我们的青年麻木不仁的西方列强影响，倡导绝对自由，即在任何情况下任何事情都不应被禁止的自由。

20 世纪 70 年代德黑兰存在的另一个突出问题是对性的焦虑和怨恨。当时的德黑兰充斥着年轻男性，除一些学生外，还有大量的进城务工人员。他们当中绝大多数来自乡村和外省城市家庭，其中一部分找不到工作，另一部分只能从事低收入工作勉强度日。他们生活在城市南部，大部分人都处于贫困状态，在那里女性都穿着伊斯兰传统罩袍。但在城市北部，他们却能见到年轻女性独自外出，穿着招摇，尽显西式时尚。这些女性身上同时表现出财富、傲慢和西方的影响。他们还能在广告中和电影院前的宣传板上不时看到女性的形象。这一切对他们来说都是那样使人馋涎欲滴却又高不可攀，好像无时无刻不在提醒着他们自身令人绝望的劣等身份。他们没钱结婚，更无力组织家庭，由于成长过程中严苛的宗教影响以及与外来时尚形象的格格不入，他们的不满情绪与日俱增。欲望的破灭与社会紧张情绪以及对西方影响的愤恨心态已经相互交织。

此刻，这种复杂矛盾的情绪随着 20 世纪 60 年代学生激进主 87
义、反越战运动等舶来品言论被不断放大并逐渐成形，特别是在左派学生和青年一代当中。但是，许多在上一代就应该转向左翼的年轻伊朗人在 70 年代却转向伊斯兰教，并认为这才是一个真正的伊朗人的自我身份的核心。

伊朗为何背离西方世俗化发展模式，转向政治伊斯兰？

伊朗人拥有尊重学习、教育和智力创造的重要传统，这映射出他们文明中的古老根源。伊朗作家和思想家的政治影响力与作为榜样人物的地位，并不能用盎格鲁－撒克逊语言进行准确翻译。20 世纪早期，就像中东其他地方一样，持世俗民族主义观点和立宪态度并且希望按西方模式发展的知识分子们，往往在政治与伊朗的世界地位等相关辩论中成为意见领袖，诸如艾哈迈德·卡斯拉维（Ahmad Kasravi）、哈桑·塔吉扎德（Hasan Taqizadeh）和穆罕默德·阿里·贾迈勒扎德（Mohammad Ali Jamalzadeh）。至 40 年代，持此观点的一些人转向共产主义，萨迪克·赫达亚特（Sadegh Hedayat）就是这股潮流的代表。

1953 年之所以重要，部分原因是它引领了受过教育的伊朗人、作家、知识分子的态度的再次转向。他们当中的一些人从紧密同人民党保持一致和基本支持共产主义观点转向重新强调伊斯兰教义为伊朗国民身份的真实核心（讽刺的是，正如之前的民族主义理念一样，“真实性”这一概念自身就显露出了西方同时期思想家，诸如让-保罗·萨特和阿尔贝·加缪等人所产生的影响）。在他们当中，有两个人脱颖而出：贾拉勒·艾哈迈德（Jalal Al-e Ahamad）和阿里·沙里亚提（Ali Shariati）。

88 同许多伊朗知识分子一样，贾拉勒·艾哈迈德 1923 年出身于一个宗教家庭，但随后却背离了宗教。20 世纪 40 年代，他同左派思想家、政治家哈利勒·马莱基（Khalil Maleki）走得很近，但却成为摩萨台的坚定支持者。他于 1953 年后就远离政治。他在大多数作品中仍带有很强的政治性，却不再支持任何政党或组织。他最著名的一部作品当数发表于 1962 年的 *Gharbzadegi*，被译为《西方有毒论》(*Westoxication*，或《西化瘟疫》)。“西方有毒”一词并非艾哈迈德所创，但他却比任何人都将其诠释得更加深刻。在伊朗革命之后，这也成为革命政治过程中的标准术语之一。艾哈迈德并非是要借此攻击西方或是西方思想，至少不是直接攻击，而是要攻击接受和倡导西方影响（但又无法准确理解）的方式，以及由此产生的一种既不伊朗化又不西方化的人群和文化。

首先，艾哈迈德希望伊朗人的文化生活能够回归真实，而非伪装或是空洞的模仿。随着时间流逝，他背离了卡斯拉维、赫达亚特和马克思主义者所持的反宗教立场，回归伊朗什叶派穆斯林，并坚持这才是伊朗核心且真实的身份认同。在很多伊朗人眼里，他是英雄，是戴着贝雷帽，蓄着满是烟渍的山羊胡，忠诚的政治知识分子典范。

阿里·沙里亚提更为年轻（生于 1933 年），在 20 世纪 70 年代的年轻革命者中，影响也更大。他也来自一个教士家庭，其父于 20 世纪 50 年代在一个试图整合社会主义思想和伊斯兰教义的团体中颇有影响。沙里亚提也曾是摩萨台的坚定支持者，但最终幻想破

灭，开始相信民主原则在像伊朗这样的国家中并不足以和暴政相抗 89
衡。他依靠政府奖学金远赴巴黎学习社会学，并随后在自己曾经就读的城市马什哈德任教。他是一名富有魅力的教师，通过倡导一种新式的革命伊斯兰教，在当地和德黑兰吸引了大批追随者。这种革命伊斯兰教强调作为穆罕默德启示基础的社会与政治正义思想，但（又如同许多先前思想家那样）对教士的保守、愚昧以及对经典文献中的学术细节的痴迷又持批判态度。有人认为沙里亚提的观点融合了马克思主义和伊斯兰教义，但事实并非如此。他更希望将伊斯兰教以一种崭新的能带来革命性改变的意识形态展示于世人面前，从而带来革命性改变，诚如马克思主义一般，甚至超越马克思主义。他对侯赛因尤为关注。侯赛因是革命领袖和自我牺牲精神的典范，他最先提出了一个口号，即“每天都是阿舒拉节，处处皆是卡尔巴拉”。沙里亚提于 20 世纪 70 年代被秘密警察逮捕入狱，随后被圈禁在家。他于 1977 年远渡英格兰，同年 6 月在那里因心脏病与世长辞。

以上这些思想理念在 20 世纪六七十年代引发了无数伊朗学生和年轻人的无限遐想，并为他们最终接受霍梅尼的领导打下思想基础。霍梅尼本人从未公开认同（也没公开反对）沙里亚提或艾哈迈德等人，但在他的讲话中却不时出现呼应他们思想或言论的表述。

巴列维国王于何时且以何种方式失去对国家的控制?

一些国外观察家注意到巴列维国王在 1977 年遭遇经济问题，但很少有人预见到他领导的政府将会陷入更加严重的困境。国王于

90 当年年底访问美国，卡特总统在演讲中称赞他治下的伊朗是动荡地区的一个“稳定之岛”（island of stability）。卡特作为民主党总统，一直试图在美国外交政策中强调人权的重要性，这导致他对伊朗的态度变得复杂。伊朗是美国在中东地区的重要盟友（鲜有证据表明卡特曾试图通过外交手段向伊朗施压使其实现自由化），但是伊朗在人权问题上却不符合美国的标准。从巴列维国王的角度，和共和党总统们打交道往往要简单得多，但他现在还是得想尽办法去安抚卡特。他放宽了一些曾用以镇压反对者的措施。在 1977 年，一些试探性的反对声音再次响起。

当年秋天，位于德黑兰的歌德学院组织了一系列的诗歌之夜活动，并吸引了一大批左派知识分子和学生。活动变得越来越带有政治色彩，也开始对政府发出越来越多的政治批评，这种状态一直持续到此类活动终止。几乎与此同时，宗教学生听闻霍梅尼之子穆斯塔法在伊拉克（纳杰夫）莫名其妙身亡，于是怒火满腔地在库姆举行了大规模的示威游行。游行人群宣誓支持霍梅尼并反对巴列维国王。可能是出于对此事件的回应，伊朗政府于 1978 年 1 月在当地报纸《消息报》（*Ettela'at*）发布了一篇宣传性文章，称霍梅尼不是一个真正的伊朗人，而是英国间谍且曾撰写过不雅诗作。此文一经发表，即在霍梅尼追随者中引发众怒，库姆开始了新一轮的游行示威。不过此次官方有介入，并向示威者实弹射击，导致多人死亡。

这导致了其他的连锁反应，并对革命运动进一步高涨起到推波助澜的作用。根据伊朗传统，人死之后需要等待 40 天然后举行一天的悼念活动（阿拉伯语称之为 arba'in，波斯语称为 chelom）。这
91 一传统在伊朗尽人皆知，无关政治党派。库姆枪击事件发生 40 天

后，新一轮游行示威开始悼念那些死去的人们，除库姆外，其他城市也纷纷响应。大不里士尤甚，该地是至少一名枪击死者的家乡。由于在大不里士游行过程中发生了多起与警察对峙的事件，并引发了更多的枪击事件，所以 40 天后又发生了游行示威。如此循环往复，游行规模一次比一次大。事已至此，一些教士、游行示威者和其他相关人士开始呼吁改革，要求严格落实 1906 年宪法（同时还包括放松审查制度和释放在押政治犯）。但是，并不是所有人都支持霍梅尼所提出的罢黜国王的主张。随着时间推移，霍梅尼的许多演讲和主张通过磁带、传真和英国广播公司（BBC）国际频道（特别是在他 1978 年 10 月移居巴黎之后）等途径深入民众，越来越多的反对者站到霍梅尼一边。整个过程中基本没有针对个人的暴力事件发生，但在一些城市，与政府和外国势力相关联的建筑内，例如警察局、银行或影院等地发生了人员袭击或抢劫的情况。在当年初夏，一些教士呼吁暂停游行从而避免更多流血事件，游行示威者这才暂时停了下来。

尽管如此，另一件事的发生却持续了这种紧张状态。同年 8 月 19 日，有人在阿巴丹西南的雷克斯电影院纵火，导致 370 人死亡。事件发生后，有人认为这场火灾是由与极端宗教人士有关的反对派人为制造的，这也是当时的官方说法，但这恰恰成为反对政府的最强烈的情绪来源，因为人们都认为此次火灾是由政府主导，然后嫁祸给宗教反对派的。

当年 8 月是穆斯林斋月。就在斋月即将结束之际，新一轮游行 92
示威于 9 月初拉开帷幕。首先是 9 月 4 日位于德黑兰北部的一场临时游行。估计 20 万—50 万人在做完庆祝斋月结束的宗教活动后纷纷自发走上街头，人数大大超越之前的任何一次类似活动。这次游行基本平稳有序，但是 9 月 7 日发生的另一次游行就呈现出凶恶的氛围，安全部队在试图驱散人群时使用了催泪瓦斯。

9 月 8 日上演了另一次游行示威活动，但很多参加者并不知晓的是，政府在一夜之间宣布军事管制，并针对游行示威者动用了武装部队。在位于德黑兰南部的贾勒赫广场（Jaleh Square），士兵向示威者开枪射击，导致 80 人死亡，另有多人受伤。但是，如同雷克斯电影院纵火事件那样，没人相信政府公布的数字，许多人认为有数千人在射击中丧命。

9 月初发生的这一系列事件仿佛最终让国王（和那些支持他的外国政府）意识到他的统治已经开始变得岌岌可危。同时，事态发展仿佛也到了一个关键点，愤怒的伊朗民众已经认定，由于国王的极端行为，他已经不再适合继续统治伊朗。对此，巴列维国王采取了许多行动，他不断地更换内阁大臣，作出关于自由化和自由选举等方面的承诺，但是人民已经不再相信他。随着时间的推移，一系列不断扩大的游行罢工活动最终给了这个风雨飘摇的政权致命一击。这次罢工主要是针对恶劣的工作环境和低下的工资收入，游行者情绪激动并满腔愤怒。由于拥有完备的安全部队，国王和政府本可安全度过此次游行危机，尽管游行队伍人数越来越多。但是此次
93 罢工，特别是石油工业领域工人的罢工，已严重影响了政府税收，而税收又是保证政府执政的基石。这就使得情况变得无可挽回了。

至 1978 年底，在城市中已经基本上见不到警察了，法律和秩序在许多城市中已经土崩瓦解。在一些地方，当地委员会开始接管食物和燃料分发（往往以清真寺为基地），并维护当地治安。整个

秋天，一些来自民族阵线和自由党的反对派政客频频（前往巴黎）拜访霍梅尼，并公开表示接受他的领导（其他反对派人士亦是如此）。当年 12 月，一年一度的阿舒拉节庆祝活动期间又发生一系列大型游行示威活动，每次聚集人数都超过 100 万。游行人群呼吁建立伊斯兰共和国，并高呼“国王去死”等口号。这次，巴列维国王终于意识到已经无力回天并决定接受失败的命运。1979 年 1 月 16 日，他离开伊朗。伊朗人欢欣鼓舞地走上街头庆祝。2 月 1 日，霍梅尼结束海外流亡回到德黑兰，大约 300 万民众走上街头热烈欢迎他的回归。

返回伊朗后，霍梅尼和他的追随者们是怎样巩固政权的?

巴列维国王在 1979 年 1 月离开伊朗之前任命了一位新首
相——沙普尔·巴赫蒂亚尔（Shapur Bakhtiar）。此人先前和民族
阵线关系密切。国王之所以作出如此人事安排是寄希望于巴赫蒂亚
尔能够成为王室同革命运动之间的一位中间人物。但是，巴赫蒂亚
尔的政府却也恰恰因国王的任命和 1 月下旬游行活动中更多的人员
伤亡而名声被毁。当霍梅尼从法国返回伊朗时，巴赫蒂亚尔作为首
相的日子就已经屈指可数了。曾经听命于国王的政府官员和军队指
挥官纷纷倒戈，转向同新政权达成种种协议从而尽可能地保证自身 94
安全。霍梅尼于 2 月 5 日任命了自己的新首相——（自由运动领导
人）迈赫迪·巴扎尔甘（Mehdi Bazargan）。2 月 9 日至 10 日，支
持霍梅尼的空军机械师同效忠国王的军队在德黑兰中心城市以东的
杜森塔佩空军基地（Doshan Tappeh Air Base）发生对峙，随后又
升级成枪战。革命者战士们（包括很多人民“圣战”者组织的战

士）从外部赶来支援，军队也调人来增援。但是，当时大街上都是人，大家自发形成对军方不利的人流，导致部队和坦克根本无法通过。

2 月 11 日早晨，军队高级将领聚集在一起开会，经过一番讨论之后，一致认为局势已经无法挽回，决定立刻从冲突中撤出，宣布所谓的中立。巴赫蒂亚尔听闻此消息满脸失望，但却无能为力。他先躲了起来，然后又设法秘密离开伊朗，流亡海外。霍梅尼和巴扎尔甘的临时政府接管了控制权。革命走向全面胜利的最后阻碍已经消失。

霍梅尼和其他追随他的教士们并非天然的革命者。欧莱玛阶层在社会中更趋向传统和保守。霍梅尼当然想避免伊朗陷入无政府状态，同时他也敏锐地意识到，和人民“圣战”者组织等左派团体不同，尽管他受到广泛的支持，但手中没有一支军队来保障他的地位。考虑到教团之前失败的涉政经历，他目前当紧的事情就是要把高支持率转化成自己或者将来继任者们可掌握的经久不衰的政治权力。他从一开始可能也没有预见到宗教权力最终会在实践层面实现（最初，他前往库姆生活，而不是留在德黑兰）。这种以巴扎尔甘为首相领导政府的政治体制就意味着霍梅尼可以扮演远程遥控的角
95 色。但是，从一开始霍梅尼和他最亲近的顾问们（特别是阿亚图拉贝赫什迪）就发出明确的信号，即他们不允许自己被边缘化。其他反对巴列维国王革命的支持者（尤其是左派人士）明确地希望或者期待教团、传统派力量和政治中非世俗团体能够让位，以便自己掌权。但是他们终将失望。

巴扎尔甘很快就发现以他为首的政府所掌控的部分权力被效忠

于霍梅尼的革命团体所篡夺。当时的革命法庭由宗教法官掌控，正忙于剥夺前任政权的财产，在某些案件中还处决了一些与前朝有关的人士。革命委员会继续掌管地方事务；武装人员大肆进行逮捕，并强行贯彻沙里亚法。5 月 5 日，霍梅尼建立旨在捍卫革命、对抗内外威胁的革命卫队。甚至在巴扎尔甘仅名存实亡的职权范围内，霍梅尼和他的顾问们也向每一个政府部门与军队单位派出自己的代表，这些代表的运作模式类似苏联的政治委员制度。尽管 3 月底的全民公投以 98.2%的绝对优势批准建立一个伊斯兰共和国，但对新政府的威胁依然存在。5 月 1 日，霍梅尼的忠实追随者和挚友穆尔塔扎·穆塔赫里被暗杀。当年春夏，伊朗库尔德斯坦爆发分离暴动，原因是库尔德人意识到推翻巴列维国王并不能给他们带来梦寐以求的区域自治（同时，支持自治的种种运动也在库泽斯坦、俾路支斯坦和东北部的土库曼相继爆发）。整个夏天，与革命委员会有关的杀手和准军事人员不断闯进多家与霍梅尼政见不同的报纸与政 96
治组织的办公室，新的审查制度开始强制执行。伊朗的政治充满变数和不确定性，霍梅尼集团嗅到了一丝危险的气息，从而采取更强有力的控制措施。

1979 年整年，伊朗绝大多数有关政治的辩论都集中在新宪法将采取什么样的模式上。最初，新宪法由巴扎尔甘一派起草，相对温和，眼见着就要颁布实施了。但是随着宪法准备工作的不断推进（一个主要由宗教人士构成的专家会议于 8 月被选举产生，并于 9 月和 10 月开始集中讨论宪法有关事项），一部带有明显伊斯兰特点的宪法草案慢慢成形。这部宪法草案明显以宗教律法为基础，还确认霍梅尼的领导地位及其未来继任者的领袖身份。

伊朗人为何在1979年11月占领美国大使馆？为何过了很久才释放人质？

与西方势力在伊朗境内的其他象征一样，大使馆在革命中曾多次遭到游行示威者的袭击。英国驻伊朗大使馆在1978年11月被短暂占领并遭到部分焚毁（1979年11月这一幕再次上演）。美国大使馆于1979年2月遭到短暂占领。所以，当一伙学生于1979年11月4日再次强行闯入美国驻伊朗大使馆并挟持了66名美国外交官和海军陆战队员时（另有6人在英国大使帮助下前往加拿大大使馆，并最终逃离伊朗。2012年上映的电影《逃离德黑兰》将此桥段再次呈现，虽然有所偏差），很多人都以为这就是一次短暂的示威活动，学生们会再次很快撤离。

97 有人指出，当时学生占领美国大使馆的行为是霍梅尼集团精心策划且蓄谋已久的行为，意在打击美国，或者弱化其他敌对势力，或者出于其他目的。虽然这个论断没有直接证据可佐证，但这并不意味着这个论断是不可靠的，当然也有一些证据表明霍梅尼最初认为占领美国大使馆并不重要，并倾向于把学生从使馆撤出。可是不管怎样，霍梅尼在11月5日一早就发表声明，支持学生并称美国大使馆已经成为“间谍的巢穴”。霍梅尼的其他亲信也发表了类似声明。第二天，曾呼吁释放人质的巴扎尔甘宣布辞职。这中间究竟发生了什么？

在过去的两个多月时间里，随着讨论中的新宪法日趋成形，像巴扎尔甘等自由派人士、左派人士以及其他很多支持革命的主流人士［特别是温和派教士阿亚图拉沙里亚特马达里（Ayatollah

Shariatmadari）］突然意识到新宪法一旦启用，将赋予霍梅尼及其亲信在新共和国中的无上权力，甚至比之前国王享有的权力还要大。在专家会议中，那些支持霍梅尼的人士一直阻止上述人士采取有效行动去反对这部新宪法。但是在新宪法颁布之前还会在伊朗举行一次全民公投。整个 10 月，这些来自不同背景的团体似乎即将走向联合，在新宪法公投前采取反对行动。

10 月 22 日，卡特政府同意巴列维国王进入美国就医的消息传到伊朗，霍梅尼以此为借口发表系列演讲，攻击美国政府和批评国
王，且越来越尖锐。在此之际，巴扎尔甘同他的外交部部长易卜拉 98
欣·雅兹迪（Ebrahim Yazdi）于 11 月 1 日前往阿尔及尔会见美国国家安全顾问兹比格涅夫·布热津斯基（Zbigniew Brzezinski，霍梅尼也知晓此事）。双方讨论了改善美伊关系的可行性措施以及重启巴列维国王在过去十年当中一直进行的美国向伊朗出售武器系统及其零部件的协议。但是，从伊朗国内角度看，巴列维国王在此时恰巧抵达美国就医显得十分可疑，在当时伊朗国内革命政治的狂热气氛之中，国王的行为被解读成他意图发动旨在终止革命的政变，企图重演 1953 年的场景。在此背景下，学生们想通过占领美国驻伊朗大使馆先发制人，他们的主要诉求就是要求美国将巴列维国王送回伊朗接受革命法庭的审判。

通过支持学生占领美国大使馆的举动，霍梅尼成功达到预期目的，即在削弱反对派的同时，再次激化革命。人质事件成为当时的核心议题。任何反对占领大使馆的声音都会被理解成与革命的敌人有关联。那些热衷于各种形式的反美主义的左派人士支持扣押人质，他们与类似巴扎尔甘那样的自由分子之间存在着巨大差异。这

样一来，组成反对新宪法同盟的各种可能性都被彻底粉碎。专家会议关于新宪法的辩论在接下来的几个星期内结束。12 月初，新宪法以压倒性优势顺利通过。

霍梅尼如愿以偿地得到了想要的一切。一年后，学生们的宗教导师穆罕默德·穆萨维·霍尼亚（Mohammad Musavi-Khoeniha）在议会中简明扼要地说道：

> 我们的事业已经收获了丰硕的果实，我们击败了自由派企
> 图掌管各项国家机器的行动。我们强迫巴扎尔甘先生内阁辞
> 99 职。革命之树不断成长，枝繁叶茂。我们向国内民众和国际舆
> 论宣告，我们拥有的武器不仅能够反抗更能够击败无比强大的
> 美国，那个自以为能将伊朗捏在手心里的美国。

各方势力已举行过各式的谈判，试图促成释放人质，但是这些努力都徒劳无功。11 月中旬，13 名人质被释放，这似乎是向美国传递出的友好信号（被释放者之中包含妇女和非裔美国人，另一名人质后来因患病也被释放）。1980 年初，联合国从中调停似乎给人质事件带来一点积极的进展。然而，霍梅尼随后却宣布在 5 月新议会选出之前，伊朗政府不会对此事作出任何动作。人质事件就此再次搁浅。

1980 年 4 月，（受以色列特种部队于 1976 年在乌干达恩德培机场实施的人质救援事件鼓舞）卡特政府决定亲手处理此事并计划采取营救行动。但是行动以失败而告终。救援行动因为几架直升机机械故障而不得不临时终止。在撤离途中，一架直升机同一架 C-130 加油机相撞，在一团火球中双双焚毁。8 名武

装人员因此丧生。此次失败的营救行动进一步令美国政府蒙羞。

学生坚持要求将国王送回伊朗，这是释放人质的一大障碍，但是这个障碍在不久后就消失了，因为国王于 1980 年 7 月 27 日在埃及去世。9 月 22 日，伊拉克入侵伊朗。伊朗因扣留人质而造成的国际孤立，在此之前还可能是一种革命的自我放纵，但现在对伊朗来说已经变成一个危险的甚至致命的负担。有一点可以明确的是，在此之后，伊朗在释放人质谈判中变得更加谨慎。但是此时，人质释 100
放时间却再次被推迟，有人指出此次推迟是因为罗纳德·里根的幕僚在总统竞选时同伊朗人达成了一项秘密协议，要求伊朗在 1981 年 1 月里根入主白宫之前先不要释放人质，以此换取美国向伊朗提供重要武器零部件。虽然并没有证据证实此种说法，但如果这是真的话，这项交易真是令人惊心动魄而又毛骨悚然。然而，最后的 52 名人质在 1981 年 1 月 20 日里根正式成为总统后的几分钟后就被全部释放，而且一批重要的武器部件随后也的确被运抵伊朗。

卡特确信，人质事件是导致他无法连任总统的一个重要因素。对于整整一代美国人来说，人质事件是继越南战争之后最可耻的外交失败，而且它所造成的挥之不去的影响在未来的许多年里一直毒害着美伊关系。

101 # 第五章　两伊战争、拉夫桑贾尼 、哈塔米、战后重建及改革

哪些因素导致了两伊战争的爆发？

两伊战争（1980—1988）的爆发是由多重因素导致的，例如伊朗人和阿拉伯人之间根深蒂固的敌意，伊朗革命政府为向伊拉克输出 1979 年革命所做出的不懈努力。但是，战争的爆发却始于伊拉克武装部队在 1980 年 9 月率先入侵伊朗。这场侵略的主要原因是伊拉克总统萨达姆·侯赛因认为他看到了一个千载难逢的机会。从政治层面讲，萨达姆是一个带有强烈逊尼派背景的世俗民族主义者。

在巴列维国王时期，伊朗和伊拉克之间就存在着严重矛盾，这些矛盾在 20 世纪 70 年代急剧恶化，并一度于 70 年代中期使两国几乎处于战争的边缘。矛盾的焦点之一是阿拉伯河［Shatt al-Arab，波斯语称阿尔万德河（Arvand Rud）］的界线问题。该河经底格里斯河与幼发拉底河汇流而成并流入波斯湾，其主河道在第一次世界大战以前的几个世纪里一直是奥斯曼帝国和伊朗的边境线。然而，
102 对于国境线到底是应该划在某一方的河岸处还是中心航道的问题从

来没有得到太多的重视与关注，直到伊朗和伊拉克相继发现了大量的石油蕴藏。石油的发现突然使这条水道对于两国变得重要起来，因为它直接关乎着两国石油出口的运输问题。伊拉克方面希望国境线沿伊朗河岸一侧延伸，这就意味着伊朗只有获得伊拉克的同意才能使用这条水道。伊朗宣称，两国应均分水道，并拥有同等的通行权和使用权。

此外，冷战给伊拉克和伊朗的纷争涂上了一抹政治色彩。冷战期间，伊拉克得到苏联支持，而巴列维国王治下的伊朗则是美国的重要盟友。巴列维国王为了向伊拉克施压，于 1974—1975 年向伊拉克境内的库尔德分裂势力提供了包括武器弹药在内的大量援助。伊朗不仅向边境另一侧发动火炮袭击，更是直接派遣士兵越过边境去支持库尔德武装分子。不过事态并没有因此而持续恶化。1975 年 3 月，两国在阿尔及尔达成协议，承诺不再支持对方国内的分裂势力，并同意将两国边境（参照之前其他国家处理类似国境线划分问题的做法）确定为阿拉伯河的中心航道。此种划分方法在国际法中被称为深泓线。

但是伊拉克代表萨达姆·侯赛因还是对此表示不满，他坚信谈判受到了外在胁迫，所以协议自然有失公平。这种愤恨的情绪又被伊朗在 1979—1980 年进行的反伊拉克政府的政治宣传中不断放大。在宣传中，伊朗称伊拉克阿拉伯复兴社会党领导的政府为世俗化政权。此举立刻引发伊拉克国内支持伊朗革命的什叶派人士举行大规模游行和示威，萨达姆借此成功上位，于 1979 年 7 月成为伊拉克总统（伊拉克国内什叶派人数具体不详，大约占到伊拉克国内人口的一半以上）。当萨达姆在 1980 年 4 月暗杀了一位在押的知名什叶派阿亚图拉后，伊朗的此类宣传达到了顶峰。

萨达姆深知，伊斯兰革命后的伊朗军队秩序混乱，战斗力欠佳，许多军官或被清洗或被屠戮，士兵数量骤减。在他看来，进攻伊朗具有很多现实或潜在的好处，而风险几乎可以忽略不计。至少，他可以通过快速占领伊朗部分领土，以交换这些领土为谈判筹码，从而在阿拉伯河的边境划分问题上谋取一份更有利于伊拉克的协议。（由于联合国经常出面调停，那段时间在中东地区发生的战争都比较短暂。）另外，居住在伊朗胡齐斯坦省的阿拉伯人一直以来想通过起义的方式来对抗伊朗政府，这使得萨达姆开始希冀趁机吞并该省一处石油蕴藏丰富的土地。由于伊朗被国际社会孤立，因此以前不可想象的吞并计划一下变得前途光明起来。伊朗首都德黑兰持续动荡，伊拉克此刻出兵伊朗甚至可能直接使伊朗革命政府垮台，彻底消除伊朗方面的负面宣传，甚至可能取得一些意想不到的更大成果。除此之外，无论出兵效果如何，萨达姆本人都可以通过此举在阿拉伯世界中树立起强人形象。

事实证明，萨达姆是正确的。1980 年 9 月出兵伊朗之后，伊拉克军队迅速在胡齐斯坦省占领了一大块富饶土地。他本人的声誉也迅速传遍中东，甚至蜚声全球。但他的其他计划则落空了。

两伊战争缘何持续多年？

此问题最简短的答案是——石油。如果缺少贩卖石油的收入，就伊拉克而言，如果没有以未来石油贩卖款项为抵押的贷款，没有
104 哪一方能够将战争持续 8 年。虽然双方都袭击过对方往来于波斯湾的运油船和石油运输装置，但都尽量避免直接袭击对方的石油生产

装置，以防另一方报复，从而造成毁灭性损失和财政收入骤减。

此问题的更深层原因虽然与石油有关但也不完全是。伊拉克和伊朗当时都不具备能力生产对战争起决定性作用的武器，例如飞机、坦克和大炮等。同时，这些进口武器需要昂贵的保养费用和配件维修费用，因此双方都更倾向于将这些已有的武器用于抵御对方的进攻（特别是留作对敌人进行决定性反击时使用）。这就意味着双方都需要大量依靠步兵作战，并在战略战术层面上退回到飞机、坦克出现以前的传统战争时期。换句话说，此刻的两伊战争更像以战壕、机枪、迫击炮、地雷和铁丝网为主要作战武器的第一次世界大战时期的欧洲战场。这些因素都对防守的一方更加有利。而与第一次世界大战时期欧洲西线战场更为相似的是，伊朗方面利用步兵攻击对方的防御工事从而造成大量伤亡，伊拉克方面则是在作战中大量使用了化学武器。双方的进攻都鲜有达到目的的时候，而换来的却是微小的战果和难以打破的僵局。伊拉克方面大量使用化学武器给伊朗方面造成了大约超过 5 万人的伤亡。到了战争中期，伊朗方面本有能力使用同样方法进行报复，但是他们从没有这么做。

另外，双方都错过了一些本可以结束战争的机会。萨达姆在 1980 年 9 月先发制人，取得了重大的领土扩张，并夺取了一个重要城市霍拉姆沙赫尔。但随即赶到前线的伊朗常规部队和大量志愿武 105
装力量（在革命卫队巴斯基民兵武装的配合下），阻止了伊拉克军队继续向前行进的步伐。事已至此，萨达姆提出想达成一个停火协议，但却遭到了伊朗方面的拒绝。伊朗决定要继续战斗，直到重新夺回他们失去的领土。1982 年春，伊朗终于将伊拉克军队驱赶至战争爆发之前的边境线地区，或许战争至此就可以画上句号了。（许多伊朗有识之士事后认为如果战争就此结束不失为上策。）但事与愿违，战争并没有就此结束，原因在于：其一，伊朗高层领导人有理由认为，如果萨达姆继续在位，伊拉克将会成为伊朗持久的威胁；其二，近来战争的胜利让伊朗的军事指挥官（特别是热衷打仗的革命卫队指挥官们）确信他们有能力继续对伊拉克发起进攻直至推翻萨达姆政权。他们还认为伊拉克南部的什叶派人士会通过武装起义的方式来反抗萨达姆。还有观点认为霍梅尼本人故意延长战争，以此起到巩固伊朗伊斯兰共和国的作用。如果这个理由成立，巩固共和国也仅仅是次要的附加目的，伊朗的首要动机，或者说至关伊朗生死存亡问题的仍然是推翻萨达姆。

但是这一次，伊朗人却错打了如意算盘。就交战双方而言，比起攻占敌方领土，士兵们更愿意誓死保卫本国领土，而期望中的国内分裂分子起义并没有出现。（库尔德斯坦地区除外，一些库尔德武装势力甚至同时和伊拉克和伊朗士兵交战。）伊朗的人海战术从1982 年年中之后就鲜有奏效，随之而来的大量志愿武装也日趋平静。但是，伊朗政府并没有放弃原有的战略。为了进一步阻止对方袭击和逼迫伊朗人同意停火，萨达姆把战争延伸到开始袭击伊朗位
106 于波斯湾的石油运输船，用炸弹及长距离导弹袭击伊朗城市。伊朗方面选择以牙还牙进行报复。美国、苏联、英国和其他一些国家则向波斯湾水域派出军舰对过往船只进行护航。

在陆地战场上，伊朗不止一次地切断从巴格达到巴士拉的道路交通。紧接着，它们于 1986 年占领了阿拉伯河中属伊拉克一方的法奥半岛，几乎切断了伊拉克的入海口。但是伊拉克于 1988 年将其重新夺回（现在资料显示，伊拉克此举是在美国的卫星帮助下完

成的)。在这样的局面下，决定性的胜利依然遥不可期。

何为伊朗门事件?

在两伊战争即将结束之际，美国政策开始转向，美国开始向伊朗方面施加更多压力，理由是伊朗方面不肯接受战争停火，所以伊朗应该对战争的绵延不绝负主要责任。但是在初期阶段，美国政策至少在台面下还是相对更灵活些。伊朗协议是里根政府时期的一个秘密协议，其目的是贯彻一些本不应该被贯彻的措施，包括（尽管联合国出台武器禁运令）美国向伊朗方面提供武器弹药和零部件，（尽管美国国会出台禁止法令）给尼加拉瓜的康特拉[①]反政府武装提供资金支持，（尽管里根政府公然宣称绝不和绑架分子谈判）试图解救在黎巴嫩被绑架的美国人。但要完成以上措施就必须让以色列来扮演中间人角色。以色列将武器运到伊朗，并将伊朗人购买武器的款项转给康特拉。美国向以色列运送武器装备的替代品，而伊朗利用自身影响力来确保被黎巴嫩境内亲伊朗势力所挟持的美国人质 107
得到安全释放［这一系列交易在伊朗方面的核心人员是哈什米·拉夫桑贾尼（Hashemi Rafsanjani）］。这样复杂的操作最终却暴露了。1986年11月，美国与伊朗秘密谈判的一系列细节被刊登在一家黎巴嫩报纸上［消息是被伊朗方面泄露的。一位来自侯赛因·阿

---

① Contra为西班牙语，意为反对，这里指的是由美国中情局所支持的尼加拉瓜反政府武装，即反桑地诺主义者。由于美国国会签署了博兰修正案，中情局无法获得支援尼加拉瓜反政府武装的款项。参与军火买卖的军火商建议，将卖导弹的钱款报低一些，每次由他转移一些“回扣”给中情局，再由中情局用钱款支援颠覆尼加拉瓜政权的活动，于是美国利用向伊朗出售武器所收得的“回扣”，最终对尼加拉瓜的反政府武装进行支持，故这一计划也被称为康特拉计划。——编者注

里·蒙塔泽里阵营的名为迈赫迪·哈什米（Mehdi Hashemi）的男子将消息捅了出去]。

伊朗门事件在美国国内引起了公众的愤怒，对里根政府造成沉重打击。但是，此事件对伊朗国内政治也同样危险。与美国勾结（更别提以色列了），在伊朗革命政治氛围中是非常严重的指控，一些革命政客也因此受到打击（从美国大使馆搜集起来的材料，虽然已经被碎纸机粉碎，却再次被拼接起来加以利用）。当伊朗门被公开后，伊朗政府不得不承认与美国的交易，但却坚持否认与以色列有任何的谈判行为，最终霍梅尼出面阻止了与此事件有关的进一步调查。霍梅尼的个人权威一如既往地战胜了其他方面的一切考量。

以色列方面，参与伊朗门事件的人非常明白，与伊朗建立战略关系从长远来看符合以色列自身利益。他们自两伊战争伊始就通过康特拉协议向伊朗提供武器，且在此后一直进行持续的供应。以色列—伊朗关系中的另一个重要事件是 1981 年双方合作炸毁了伊拉克境内的奥斯拉克核反应堆（史称“巴比伦行动”或者“歌剧院行动”）。以色列的政策基于一个判断，即无论伊朗国内对于以色列有什么样的看法，伊拉克对于以色列来说始终是一个更大的威胁（以色列对于伊朗的政策直到 1996 年内塔尼亚胡当选以色列总理后才发生变化。更大变化发生于 2003 年萨达姆倒台以后）。美方在多
108 个场合都公开宣称美国介入中东事务的目的是希望伊朗尽快释放人质以及改善和伊朗的关系。美国和以色列尤其希望在霍梅尼死后，两国能与伊朗相对温和的新政权重建工作关系。从这个角度看，美国试图同伊朗政治体系中看起来温和一些的人（尤其是拉夫桑贾尼）保持良好的关系就似乎说得通了。

在 1986 年 11 月伊朗门事件被彻底公开后，美国国内对于此事件的调查活动持续了几个月的时间。国内民意调查显示，里根的个人支持率从 67%下降到 46%。鉴于伊朗人质危机对于卡特总统造成的严重伤害，里根同伊朗的关系对于未来的美国政府而言是一个值得借鉴的经验。站在伊朗角度看，西方各国政府在多边主义论坛上的公开言论和立场绝不能只从字面意思理解（这也因国际上对于两伊战争所持有的普遍立场而进一步强化）。伊朗国内，因伊朗门事件而受到羞辱和指责的仅仅是那些与泄密有关的人。迈赫迪·哈什米最终被处决，这也最终使得蒙塔泽里——霍梅尼曾经指定的接班人，最终没有走上权力巅峰。

伊朗是否赢得了两伊战争？为什么这场战争对于伊朗来说如此重要？

1988 年春夏之际，联合国就停火和结束战争向伊朗方面施加的压力已经使得伊朗方面不堪重负。在需求锐减的同时，新的石油矿藏在全球范围内投产，从而导致油价跳水，使得伊朗国家财政收入 109
在此困难时刻更加步履维艰。伊朗失去了自 1982 年以来所取得的军事优势，在国际市场也更加难以购买武器军火。但伊拉克却利用从法国、苏联以及其他国家购买的新式战机和其他武器重新装备军队，另一些国家则帮助伊拉克拥有了神经毒气这样的化学武器（许多国家都参与帮助了伊拉克的化学武器项目，包括但不限于德国、埃及、法国、英国、巴西、印度、新加坡等）。伊拉克的武器采购项目得到科威特、沙特阿拉伯以及波斯湾南岸许多阿拉伯国家的贷款支持。1987 年 7 月，400 名伊朗人在麦加朝圣途中死于一场暴乱事件。沙特阿拉伯方面声称这些人死于踩踏，而伊朗方面则认为他们遭遇了机枪扫射。伊朗在波斯湾所受的压力也与日俱增，美国海军巡洋舰“文森斯”号于1988年7月3日将一架伊朗民航客机击落（导致290人死亡，其中包含许多儿童）。这一事件其实是由一系列误判和失误造成的，但伊朗方面坚信这是美军故意为之，并结合其他证据得出了美国会将事态随意扩大且决不允许伊朗赢得战争的结论。除此之外，还发生了几起伊拉克利用化学武器伤害平民的事件：1987年6月在萨尔达什特、1988年3月在哈拉布贾，以及1988年7月在边境地区伊朗一侧的几个安置点。在哈拉布贾袭击中的遇难者为生活在边境地区小镇的伊拉克库尔德人，他们的居住点在不久前刚刚被伊朗军队占领。美国和其他国家基于伊拉克方面提供的情报，在最初时宣称是伊朗方发动了此次袭击。在这一系列事件之后，伊朗高层似乎确认，世界大国将会默许伊拉克将化学武器
110 作为苏式飞毛腿导弹弹头，并对伊朗各大城市进行大规模打击。

当时伊朗对战争的总体印象是，他们不仅仅在和伊拉克作战，更是在同全世界作战，他们的敌人将使用任何手段，无论这些手段是多么极端或者多么不人道（甚至不惜违反国际法中的国家条款），然而他们自身掌握的资源却并不足以支撑战争，甚至还在不断减少。作为当时在具体层面直接指挥战斗的首要人物，拉夫桑贾尼在1988年的前几个月数次亲临前线视察。他委任伊朗伊斯兰革命卫队指挥官做了一项评估，即伊朗还需要什么才能赢得战争。莫赫森·雷扎伊（Mohsen Rezai）在报告中写道：“五年之内看不到胜利的希望。”同时，为了能够重新发动军事进攻，伊朗还需新建350个步兵旅，购买2500辆坦克、3000门火炮、300架飞机，同时还需

要自行生产激光武器与核武器。此外，需要将正规军扩编 1 倍，将革命卫队扩编 7 倍，还必须将美国赶出波斯湾。即便这样，他依然总结道：“我们必须坚持战斗。”

当霍梅尼看到这份报告后，他终于承认必须结束战争。他说，这个决定对于他来说就像是喝一杯“金樽毒酒”，但是他把这当作是真主的旨意。鉴于霍梅尼之前对于坚持作战的强硬口吻和他自诩为真主在世间的代言人，他的“毒酒”比喻也许并非是毫无意义的夸张措辞。他的儿子艾哈迈德日后也表示霍梅尼在 1988 年 7 月之后就像变了一个人似的。在那之后，霍梅尼病重，并于 1989 年 6 月归真。

伊朗最终于 1988 年 7 月 17 日致书联合国秘书长，接受联合国停火决议。即使这样，战争也没有立刻停止。萨达姆希望通过夺取
更多领土来增加谈判筹码，虽然这并未成功。全面停火最终于 8 月 111
20 日生效，战争终于结束了。但双方并未举行和平谈判，也没有签署和平条约，互相挟持战俘的状态一直持续到 20 世纪 90 年代。

关于伊朗方面战争伤亡的数字已有很多披露，但近期比较客观的估计显示 21.3 万人战死，32 万人落下了终身残疾（他们当中很多人还长期遭受化学武器后遗症的折磨）。这组数据还间接表明，战争中还有更多的伤员，虽然这些人已经痊愈。

两伊双方都宣布自己赢得了战争，从某种程度来说这种说法并没有错，因为他们都成功地挫败了对方摧毁自己的企图。伊朗没有将萨达姆赶下台，被迫接受停火。但是对于很多伊朗人来说，伊朗不仅成功抵御了伊拉克人的入侵，还成功抵御了一大批周边国家和域外国家的各种敌对，这足以令伊朗人引以为傲，这种骄傲与对新兴伊斯兰政权的好恶无关。伊朗 200 年来首次以主权国家的姿态向

世界宣示国家独立和捍卫自身的权利，并一直坚持了这一姿态。在评价自 1988 年以来的伊朗国民态度以及政府行为时，必须牢记两伊战争所带来的经验教训。

伊朗何时、何故卷入黎巴嫩问题？

在 1982 年 6 月以色列进攻黎巴嫩之前，大量的什叶派穆斯林已经在今黎巴嫩的南部地区生活了几个世纪之久。与先前奥斯曼帝国领土内和其他伊斯兰世界的许多什叶派群体相同的是，他们都属于少数族裔，且常常被具有优越感的逊尼派穆斯林和信仰基督教的
112 精英群体鄙视。在 1979—1981 年期间，黎巴嫩什叶派穆斯林同伊朗伊斯兰共和国的革命者们重新建立起联系（蒙塔泽里对此十分热心，受他提携的迈赫迪·哈什米也参与其中），在以色列入侵之后，这种联系迅速进一步扩大。基于伊朗革命宪法要求团结其他国家穆斯林兄弟的原则，大批共和国卫队人员被派遣至黎巴嫩，帮助训练年轻的什叶派战士。招募和训练黎巴嫩战士的中心地点在贝卡山谷地区。黎巴嫩什叶派过去感受到的错误所引发的激进主义，以色列入侵所带来的社会动荡以及伊朗的影响，共同促成了黎巴嫩真主党于 1982—1983 年诞生。

巴勒斯坦极端组织——伊斯兰“圣战”组织（Islamic Jihad），与黎巴嫩真主党和黎巴嫩境内伊朗人都保持着密切往来（虽然这其中的细节从来都是模糊不清的）。在随后的几年时间里，该组织在黎巴嫩绑架人质并数次实施恐怖行动，且该组织中的许多人都与伊迈德·穆格尼耶（Imad Mughniyeh）关系密切。穆格尼耶是黎巴嫩什叶派，在 1982 年之前与许多巴勒斯坦反以色列组织存在千丝万

缕的联系。穆格尼耶于 2008 年在叙利亚首都大马士革遭汽车炸弹暗杀后，被真主党描绘成高级领导人（大量报道宣称此次针对穆格尼耶的暗杀是由摩萨德[1]伙同他人一起策划实施的）。

黎巴嫩真主党和伊斯兰“圣战”组织一样，从一开始就将武装反对以色列作为建立组织的目的。而对于伊朗来讲，同黎巴嫩真主党保持关系［同时与伊斯兰抵抗运动（哈马斯）保持较浅的关系］已经成为实践其“反对以色列和支持巴勒斯坦”的革命性承诺的一种手段。这又转而成为伊朗同叙利亚保持关系的一个重要原因。如
果没有叙利亚方面的合作，没有叙利亚对黎巴嫩真主党的支持，伊 113
朗也难以对真主党施以现实性援助。

在伊朗与伊斯兰世界中所有什叶派穆斯林群体的关系中，他们与黎巴嫩真主党的关系是最为紧密的。当 2006 年以色列再次入侵黎巴嫩时，伊朗向真主党提供援助则再次印证了这种关系的紧密程度。即便如此，这种关系也绝不是一种控制关系。伊朗不是主人，真主党也不是奴仆。这就产生一个问题，绝大多数时候，真主党的行为是从自身利益出发的。20 世纪 90 年代，黎巴嫩什叶派穆斯林不顾伊朗方面的压力，拒绝承认伊朗最高领导人阿里·哈梅内伊（Ali Khamenei）为唯一的马尔贾，而选择穆罕默德·侯赛因·法德拉拉（Mohammad Husein Fadlallah，一个拥有黎巴嫩血统的什叶派教士，他在宗教法学层面选择了一条独立路线）。在中东地区的其他地方，伊朗人如果想施加影响就必须小心行事，且只能在各方默许的情况下。

① 即以色列情报机构。——译者注

针对萨尔曼·鲁西迪的教令有何重要意义？

鲁西迪的代表作《撒旦诗篇》（*Satanic Verses*）于 1988 年 9 月发表，而霍梅尼臭名昭著的声明（按照伊斯兰教的术语，从严格意义上说这事实上是一个“hokm”，即宗教判例，而不是一个法特瓦）则晚了一些，发表于 1989 年 2 月 14 日。声明宣布，判处《撒旦诗篇》作者及出版人死刑。一开始，霍梅尼似乎认为这本书及其作者无足轻重，但在巴基斯坦、克什米尔地区以及英国国内爆发抗议此书的大规模游行示威活动之后，他确信（或经人说服）可以在政治层面上对此抗议活动加以利用，就像他将 1979—1981 年的人
114 质危机加以政治利用一样。在西方，这条教令遭到了广泛（虽然并不普遍）的谴责，他们认为这严重侵犯了言论自由，并加深了人们对伊朗政权的普遍反感，从而进一步强化了伊朗在国际上的孤立地位。

这本书大部分的中心内容是关于文化放逐，并非亵渎或与伊斯兰教对抗，但是其中包含了一组梦境，在梦境中妓女们采用了先知穆罕默德的妻子的名字。另外，梦境还发掘了一个更加古老的虚构故事，魔鬼企图在《古兰经》中插入含有颠覆性内容的诗句，许多穆斯林感觉受到了严重的冒犯。

霍梅尼对《撒旦诗篇》及鲁西迪宣判时，他和他的亲信们都意识到他本人已经来日无多，而且一旦霍梅尼去世，这也意味着新建立的伊斯兰共和国将面临新的挑战。霍梅尼的重中之重是确保伊斯兰共和国能够按照它创立伊始的样子继续传承下去。对于霍梅尼和其他一些人来说，伊斯兰共和国的反西方、反自由化特征是它固有

的宗教核心原则，也是伊朗独立的重要特征。对霍梅尼来说，伊朗被国际社会进一步孤立并不是教令所产生的一种负面作用，而是签发教令的核心目的之一。此外，随着两伊战争的结束，霍梅尼个人感觉到强烈的失败感和羞辱感，霍梅尼认为鲁西迪事件是伊朗重申其伊斯兰世界领导地位的一个绝佳机会。

霍梅尼发出针对鲁西迪的教令的时间节点也非常重要。1989 年 2 月 11 日是伊朗革命十周年纪念日，伊朗国内的一些重要人物在这一节点对伊朗政府在过去十年中的执政进行批评，尤其是伊朗在战争中的表现。蒙塔泽里言辞犀利地表示，“全世界都认为我们在伊朗国内的唯一工作就是杀戮”。在此背景下，霍梅尼针对鲁西迪的行动带有强烈的个人特点。他并没有妥协或让步，而是出其不意地 115
进行了坚决猛烈的回击，甚至比之前遭受批评时的回应方式更加极端。这条针对鲁西迪的教令要求伊斯兰政权的追随者们更加忠诚于领袖，削弱了摇摆不定的同情自由主义的人的势力，且使得伊朗在随后几十年里和西方国家恢复关系变得更加困难。最终在 1998 年，英国和伊朗两国政府共同发表一系列声明，伊朗政府承诺不再采取任何威胁鲁西迪生命的行动，同时也不再支持任何人去杀害鲁西迪。尽管自那以后，还有其他一些组织和个人表示将继续执行这一追杀鲁西迪的教令，但这场政府间风波在事实层面上已经宣告结束。

1989 年霍梅尼去世后，伊朗伊斯兰共和国发生了哪些变化？

从伊朗角度看，鲁西迪事件是伊朗国内事态发展的一角，随着霍梅尼的去世，这些事态发展在一系列的重要方面改变了伊斯兰共和国。但从另一个层面看，这些变化的发生是为了保证伊斯兰共和国永不变质。事实上，霍梅尼在这方面相当成功，伊朗伊斯兰共和国在他死后很久仍能按照刚刚建立时的样子长久地存在。

20 世纪 80 年代中期，伊斯兰革命党中的左派和右派一直冲突
116 不断。大多数时候，左派在伊朗议会中处于强势地位，而右派则控制了宪法监护委员会（简称“宪监会”）。宪监会有权在议会获得通过的议案正式成为法律前根据伊斯兰教义对其行使否决权。例如与土地改革和外贸国有化等问题相关的议案虽然在议会获得通过，但遭宪监会否决，最终双方僵持的情景不断上演。这一局面的背后，一方面是左派政客热衷于倡导社会财富的二次分配，提升社会底层穷人的生活水平（这一倡导是受革命的重要目的之一即推动社会走向更加公平这一思想驱使）；而另一方面则是受到小商贩阶层支持的保守教士阶层更倾向于依据伊斯兰教法，维护其在社会中的传统特权和财产权。事实上，1979—1981 年被反复论证的，关于如何依据伊斯兰教义来掌控经济的问题从未得到真正解决，两伊战争的爆发无非是使这一问题暂时搁置。

战争使坚持国家集权主义和国家干预经济的原则占了上风，但霍梅尼仍尽力维系左派和右派的平衡，时而倾向左派，时而倾向右派。他指定的继承人蒙塔泽里是左派。20 世纪 80 年代中期的大部分时间，政府总理由精明的米尔-侯赛因·穆萨维（Mir-Hosein Mousavi）担任，他同他的内阁成员一道，成功地掌管国家财政政策，使得伊朗得以在战争中平稳发展，他也是左派。但是，伊朗总统阿里·哈梅内伊则更加赞同右派的主张，并同宪监会保持着紧密联系。时任议长拉夫桑贾尼，则尽力避免被划入任何一派，但是外

界普遍认为他更偏右派一些。

深受伊斯兰革命党内部的派系之争困扰，霍梅尼在 1987 年 6 月解散该党，但是这并没有解决党争问题。1987 年底，霍梅尼介入 117 起初看起来并非十分重要的一次国家管理公共事务的事件，他发表声明，支持国家应拥有管理权。然而，哈梅内伊却做了一个不明智的举动，他发表声明试图解释霍梅尼的真正用意。霍梅尼随后进行了特有的回击，他主张伊斯兰教法绝对监护的新教义，认为伊斯兰国家的利益应高于一切其他考量，包括沙里亚法的普通条款，穆斯林进行祈祷、斋戒和去麦加朝圣等相关义务。这是一项重大改变，进一步将什叶派传统价值观和愿望置于残酷政治需要之下，潜在地将巨大权力置于国家领导人的手中。左派人士欢欣鼓舞，但这种欢愉的心情却如昙花一现。1988 年 2 月，一个新的国家机构——确定国家利益委员会（简称“确委会”）应运而生，其职责是在议会和宪监会之间作出仲裁。1989 年 4 月，霍梅尼身体状况不佳，专家会议召开，并对宪法进行进一步修改，包括废除总理职务，以及允许任命非马尔贾人士担任最高领袖。

鉴于蒙塔泽里已经确定彻底失宠，以上做法就变得很有必要。1988 年夏，萨达姆发起的最后一波攻势中，人民“圣战”者组织向克尔曼沙赫省发动进攻，萨达姆用了大量坦克和其他各类武器武装人民“圣战”者组织的军队，但此次进攻仍然被伊朗挫败。但是，伊朗国内其支持者们计划发动一场武装起义来支持和配合人民“圣战”者组织的外部军事行动。于是，霍梅尼下令处决监狱里那些公开拒绝放弃信仰的人民“圣战”者组织成员。这也可以看出霍梅尼内心的苦涩，他不得不以接受停火的方式来结束战争。类似于随后 118

处理鲁西迪事件那样，霍梅尼可能想用杀戮的方式来检验国民对他的忠诚以及对革命的投入。杀戮从 1988 年夏末一直持续到初秋，人民党和其他一些政治犯也被杀害。究竟有多少人被杀，至今仍没有一个准确且可信度高的统计数字，估计至少有四五千人之多。这也成为伊朗伊斯兰共和国历史上最不堪回首的一页。时至今日甚至还有人认为屠杀令并非出自霍梅尼本人，但是事实凿凿，铁证如山。

蒙塔泽里抗议这场杀戮，随着他的抗议行为在 1989 年 3 月被英国广播公司（BBC）电视播出，这种抗议的态度在伊朗国内尽人皆知。对于霍梅尼来说，这是一种个人的背叛，他最终决定不再将蒙塔泽里指定为他的继承人。但是当时并没有明确的接替者人选。教团当中具备必要资质的候选人要么根本不可靠，要么不具备政治头脑；而那些靠得住的人又没有必要的宗教资质。最终，必要性、方便性以及国家利益再一次占据了上风，哈梅内伊成了最终的接班人。但是哈梅内伊并不是马尔贾甚至不是阿亚图拉，为了解决这一问题，伊朗修改了宪法。

1989 年 6 月 6 日，在霍梅尼葬礼当天，成百上千的伊朗民众涌向葬礼现场。为了控制民众和护卫霍梅尼的棺材，革命卫队与民众甚至产生冲突。不过，伊朗已经产生了一位新的领袖。6 月 4 日，也就是霍梅尼 6 月 3 日去世后的几个小时之内，哈梅内伊宣誓就职，成为伊朗新的最高领导人。事情进展得平稳有序，拉夫桑贾尼是完成这一切的核心人物。事实上，这种新的宪政安排并未生效，
119 仿佛也没有任何问题，专家会议在 7 月 8 日完成讨论，月底（7 月 28 日）的全民公投通过了这项决定。拉夫桑贾尼在同期举行的选举

中当选总统。

霍梅尼的个人魅力和知名度在 1979 年革命中起到了关键作用，也是伊朗革命建立的新政权相对稳定的重要原因。如果进行类比，法国大革命后建立的政权的稳定程度与这有着天壤之别。但是霍梅尼的独特作用也为宪法制造了一些问题。他的去世给宪法本身留下了一个漏洞，而这一潜在漏洞自宪法起草时便已经存在。霍梅尼死后，自由化的趋势和西方影响力会不会在伊朗社会死灰复燃？党派斗争会不会破坏伊斯兰共和国的稳定？罢免蒙塔泽里，修改宪法，建立哈梅内伊—拉夫桑贾尼模式的双头政治，甚至是鲁西迪事件，霍梅尼在生命的最后时光采取的这一系列措施都是为了避免这些潜在的风险。历史上许多统治者都在不停地努力，试图能在自己死后产生持久影响力，但他们的尝试大多以失败而告终。和他们中的大多数相比，霍梅尼无疑是成功的。但值得注意的是，拉夫桑贾尼在适应霍梅尼死后的这些变化时也起到了重要作用，他的回忆录是人们了解他们如何适应这些变化的最重要的信息来源。有可能一些重要的决定（特别是选择哈梅内伊作为霍梅尼的接班人）至少是源自拉夫桑贾尼的影响力，而不是出自霍梅尼本人意愿。新的资料或许会在未来给出与这些事情相关的更多信息。

拉夫桑贾尼于 1989—1997 年担任总统期间做错了什么？

拉夫桑贾尼于 1989 年 7 月当选伊朗总统，他也是伊朗历史上权力最大的总统。在 1989 年伊朗修改宪法之前，总统职权夹在最
高领袖霍梅尼和掌管政府职权的总理之间，并没有实际的重要性。 120
随着总理制度的取消和总理职权被转移给总统，拉夫桑贾尼的总统

角色立刻变得重要起来。另外，哈梅内伊成为最高领导人的初期，其前景看起来并不十分明确，他自身有限的宗教资质只能时刻提醒着他，他的前任是如何伟大与传奇。这又给了拉夫桑贾尼更多自我实现的空间。

从上任伊始，拉夫桑贾尼总统任期的主题就是战后重建。持续8年之久的两伊战争使这个国家变得满目疮痍。战区重建需要巨大的资金投入，而远离前线的城市也被远程导弹和轰炸搞得残破不堪，更换和修缮基础设施、房屋同样也需要大量投资。有人估算战争本身已经消耗了伊朗将近2000亿美元。1988年伊朗国内生产总值只有1976年最高水平时的54%。国内充斥着大量来自阿富汗的难民，1991年后又有一批来自伊拉克的难民进入伊朗。至20世纪90年代中期，伊朗国内难民数量已高达200万之多。联合国估算，在伊朗战区内散布着大约1600万颗地雷，清除这些地雷是一件既耗时又耗力，同时还极其危险的工作（直到21世纪的第二个十年，这些地雷依然没有被清除干净）。伊朗国内各行各业的技术人员大量离开，一起离开的还有大批资金。《德黑兰时报》估算逃离资金总计高达1200亿美元。

战争期间政府对消费品的价格控制和补贴进一步弱化了伊朗准食利者经济中非石油领域的发展。进口原材料变得异常困难，对战争物品的需求改变了资金原本向生产领域流动的走势。拉夫桑贾尼
121 在1989年夏天承认，伊朗的许多工厂生产只达到潜在产能的20%、30%或者40%的水平。伊朗经济深度依赖石油（占到外汇收入的90%），全国雇佣人口的三分之一在公共部门工作。通货膨胀率从1986年的18.9%上升到1987年的24%，这一数字在1988年达到

25.4%。政府在战争期间鼓励生育，促使出生率从战前已经处于较高水平的基础上进一步提升，以至于1986年的人口增长率高达3.9%，在当时世界范围内都是最高水平。伊朗人口数量从1979年的3800万上升到1990年的6000万（2015年估计已达8000万左右）。20世纪90年代早期，超过一半的伊朗人口不足20岁，将近三分之一不足10岁。这就导致失业率高涨，官方给出的数字是14%，但是坊间估计这一数字已经达到26%，青年失业率更高。

从一开始，拉夫桑贾尼就意识到，要修复百孔千疮的国内经济就意味着重新开启自伊斯兰革命以来就根深蒂固的有关经济政策方面的政治分歧。与伊拉克在战争中大肆举债以支持战争的做法不同，伊朗在1988年时基本没有外债。但是，拉夫桑贾尼不顾政治对手的反对，在1989年中期以后就开始大肆举债以进行各类投资。

拉夫桑贾尼的经济政策在早期带来了成功，1990—1991年，伊朗的经济增长率达到12.1%，1991—1992年为9.9%，非石油类产品出口和农产品生产都有所增长。1990年8月，萨达姆入侵科威特造成石油价格短期上涨，随后油价又迅速回落，从每桶30美元跌
至14美元左右。随着进口增加和收入锐减，伊朗外债迅速膨胀 122
（大约300亿美元），政府不得不将大部分的外汇收入用以支付债务。本国货币同美元外汇比价降低，政府在1993年底施行货币贬值，也没能阻止与美元汇率的进一步降低。货币贬值使得进口和债务偿付成本提高，从而进一步扩大国内通货膨胀，这一数字在1993年高达35%，最高时可能达到50%。

拉夫桑贾尼时期的经济困难给他的声誉造成重创。他曾将自己塑造成问题化解高手、实干家、一个务实精明并能解决这个国家症

结的人，同时他也暗示其他宗教人士和怀有革命意识形态的人不具备这些能力。这场货币危机给他带来的损害极大，因为几乎没有哪件事能比货币贬值在和平时期给一个国家带来更强的屈辱感，毕竟货币是一个国家的国家地位和经济实力的重要象征。1993 年，拉夫桑贾尼再次当选总统，但是支持率明显降低。在他的第二个任期内，他必须直面来自右翼议会的更大阻力。他在私有化方面取得了一些进展，但是议会随后介入，使得大部分私有化改革后的企业被控制在各类慈善基金会手中，以另一种形式有效地延续了国家对于企业的掌控。他还努力改善伊朗遭到外界孤立的局面，争取外国投资，但这些努力被伊朗与恐怖组织的联系、鲁西迪事件，以及美国于 1996 年实施的伊朗—利比亚制裁措施所阻碍。

1997 年，拉夫桑贾尼的总统任期接近尾声，伊朗国内已经不再对他以及伊斯兰共和国的整个领导集团抱有任何幻想（拉夫桑贾尼的个人名誉因家人腐败的传闻而被进一步污化）。社会最穷困阶层的生活水平并没有得到大幅改善，依然停留在很低的水平。社会失
123 业率依然居高不下。更有抱怨称，修复战争所破坏的各项工程尚未完成。此外，民众对于言论自由和政治活动的种种限制感到不满，也对那些体制内人士不经意间流露出的傲慢之情感到气愤，仿佛这个国家属于他们并且将永远属于他们一样。

哈塔米执政期间（1997—2005）的改革尝试为何失败？

1997 年 5 月，民众对于拉夫桑贾尼的不满最终导致了穆罕默德·哈塔米（Mohammad Khatami）的意外当选。哈塔米曾在米尔-侯赛因·穆萨维政府时期担任文化与伊斯兰指导部部长。他在

拉夫桑贾尼政府中也曾短暂担任过这一职务，但由于强硬派人士对他所推行的扩大言论自由政策不满而最终被迫辞职。1997 年伊朗举行总统选举，哈塔米起初只是个局外人，他之所以最后能赢得选举，部分原因是当局批准的参选人能力不够，另一部分原因在于他在担任部长职务时交往的媒体人士对他的大力支持。他赢得大选的原因还包括他所倡导和呼吁的改革、更大程度上的言论自由、公民社会等都为他赢得了很多伊朗民众的支持，特别是妇女、少数族裔、学生和年轻人。他个人谦逊的外表、平静而富有魅力的性格、聪慧而真诚的品质同样帮他赢得了不少选票。随着投票日期日益临近，民众对于他的支持也与日俱增。最终，投票率高达 80%，而哈塔米以 70%的选票获得了压倒性的胜利。

改革是一场十分广泛的运动，不仅仅只涉及哈塔米一人。大量像哈塔米这样的左派政客都转向推崇自由派立场，要求实现更多的政治自由。阿亚图拉蒙塔泽里，这位一度被霍梅尼指定为接班人而 124
今却被拘禁在家的政治人物也支持哈塔米。一些宗教学者，例如卡迪瓦尔（Kadivar）、索鲁什（Soroush）、沙贝斯塔里（Shabestari）、埃什卡瓦里（Eshkevari）等，认为伊斯兰共和国应该成为一个更加自由的国度，这一观点也与哈塔米完全一致。

哈塔米执政的前三年，新闻出版行业蓬勃发展，伊朗出现大量新报纸和期刊读物，其中大部分支持改革行为。他在实行开放的外交政策和改善同西方关系方面取得了一些成就。他治下的政府通过谈判成功地解决了鲁西迪事件，同意和英国以及其他欧盟国家加强外交关系。在 1997 年接受美国有线新闻网（CNN）采访时，他甚至暗示伊朗有可能同美国改善关系。

但是，以哈梅内伊为中心的强硬派右翼人士，以及宪监会、伊朗信息与安全部（MOIS，伊朗秘密警察）和革命卫队中的右翼人士，对哈塔米及其倡导的改革计划毫不买账，他们从新政府成立的那一刻起就一直在努力推翻它。哈塔米政府也从未在经济改革方面取得多大进展，尽管这项改革有可能让那些憧憬改善生活而为他投票的大量普通人从中受益。

这些强硬派人士并没有直接攻击哈塔米，而是攻击他的内阁部长们。最终，哈塔米的内阁一人被处决，一人被关进监狱，第三位则被迫离职。1998 年底又发生了一系列针对作家、记者和有自由主义倾向的政客的杀人事件。1999 年初，伊朗秘密警察出乎意料地承认该组织内部的一个所谓的流氓团伙制造了这些杀人事件，而杀人事件在此时也达到了顶峰。这些刽子手们被认为是削弱哈塔米政府
125 的手段，但哈塔米成功地将责任推给秘密警察，迫使他们对杀人事件负责。2000 年 5 月，改革派人士在议会选举中获胜，得到了议会的大多数席位。一些人认为，议会选举胜利意味着改革派能够成功地推进他们的改革计划，建立一个民主政府，但事实却令他们失望。

上一届议会在任期的最后几个月，通过了一部新的更具限制性的新闻法。新一届议会上任伊始就将推翻这部法律作为首要任务。当他们的行动开始时，哈梅内伊介入其中，致书禁止这项动议。2000 年夏，许多改革派报社被迫关闭。一些新闻人坚守立场，更换名称开办新报，又再次被迫关停。一些记者和编辑因此被捕入狱。尽管人们不断斗争，但哈塔米总统任期前三年逐渐开放的言论自由开始被慢慢收紧。新闻自由问题在哈塔米的整个改革计划中具有象

征意义。自 2000 年夏开始，哈塔米行使总统职权时开始变得步履蹒跚（尽管他在 2001 年再次当选总统）。此后，政府几次尝试将新的改革法案在议会通过，但都被宪监会拒绝，没能最终成为法律。

即便如此，哈塔米在伊斯兰共和国进行改革的尝试也不能说是彻底的失败。它启发并激励了一代年轻人，鼓励他们去坚持自己的初心。一些新闻记者和其他国人坚持将自身视为改革者，并等待着机会以推行他们的理念。妇女们则继续坚持反对衣着限制，这一限制在哈塔米时代已经放宽，这是一种非常明显和重要的抗议形式。几年之后，改革因“绿色运动”[1] 再次兴起（详见第六章关于 2009 126
年总统选举的内容）。

革命以来，伊朗是如何对待少数族裔的？

与其他问题一样，伊朗的民族和宗教构成从外在看具有误导性。伊朗伊斯兰共和国给外界的总体印象是一个由相对单一的讲波斯语的什叶派穆斯林人口构成的国家，但实际情况要比外界印象更具多样性。

如果人们以最宽泛的标准来看待伊朗的少数民族问题，例如把来自里海岸边区域讲马赞德兰语和吉拉克语的伊朗人视为少数族裔，而不是作为占主导地位的波斯语族群的一部分的话，则这个讲波斯语的族群自身就可以（狭义地）成为一个少数族群。但是，如果把他们算作什叶派波斯语使用者这一主体族群的一部分，那么这

---

[1] 原文是 Green Movement。2009 年 6 月 12 日，伊朗举行总统大选。13 日，选举委员会宣布现任总统内贾德获胜。当天起，其竞争对手——改革派候选人穆萨维的支持者走上德黑兰街头，抗议内贾德当局在选举中舞弊。由于穆萨维的竞选运动以绿色为主调，因此此次运动也被称为“绿色运动”。——译者注

个群体占到总人口的60%之多，而少数族裔和其他宗教群体占40%。阿塞拜疆土耳其人是伊朗最大的少数族裔，占到总人口的16%，其次是库尔德人（占总人口的10%），鲁尔人（包括巴赫蒂亚里人，共占6%），阿拉伯人和俾路支人（各自占比均不到2%），塔里什人、卡什伽人、土库曼人（各自占比1%），其他民族（亚美尼亚人、格鲁吉亚人、信仰基督教的亚述人和犹太人）组成了其余的1%人口。伊朗的宗教构成高度单一，90%的人口信仰什叶派的十二伊玛目派，8%为逊尼派（主要是俾路支人、土库曼人、库尔德人和其他阿拉伯人），2%则信仰其他宗教（例如基督教、犹太教、琐罗亚斯德教、雅兹迪教和曼达教等）。巴哈伊教徒可能同基督教徒数量相当（大约30万—35万），但是在遭遇迫害之后就很难
127 估算他们的准确人数，同时由于伊斯兰共和国不承认巴哈伊教，所以他们不会出现在官方的统计数据中。

在所有少数族裔中，阿塞拜疆人的同化程度最深。像本书之前介绍过的那样，来自突厥的统治者和王朝在伊朗历史上曾扮演了重要角色。许多声名显赫的教士和当代政客都是阿塞拜疆人，包括哈梅内伊和米尔-侯赛因·穆萨维。阿塞拜疆分裂势力得到了一些支持。尽管从1989年开始伊朗北部新成立的主权国家阿塞拜疆国内的一些人试图煽动泛突厥主义和分裂情绪，但这并没有给伊朗国家和地方政治造成太大风浪。

其他民族之中，库尔德人一直坚持争取更多的自治权，俾路支人和阿拉伯人也紧随其后。这些民族（包括一些敢于直言的阿塞拜疆人）抱怨他们在伊朗国内的少数民族身份导致他们遭到经济发展方面的剥削。这些民族的受教育水平出奇地低，库尔德人和俾路支

人将这一现象归咎于中央政府坚持用波斯语进行教育，使得他们的孩子不得不在非母语环境中学习，导致教育水平下降。他们还抱怨道，每当中央政府为发展计划拨款时，他们总是排在最后（另外，库尔德斯坦地区在两伊战争中遭受的破坏程度比其他地区更为严重）。中央政府在处理少数族裔问题时总是出现大波斯沙文主义倾向，也多多少少表现出一种偏执的国家主义情结，少数民族呼吁更高权限的自治时，总是习惯性地被指控为与国外势力勾结。

伊朗还存在三个主要的非穆斯林少数群体，分别是基督教徒、 128
犹太教徒和琐罗亚斯德教徒。他们拥有在议会中有自己独立代表的特权，并且这些代表的任命可以独立于常规的代表选举过程。这清晰地反映出沙里亚法的立场，即其他宗教的信众，作为“经书子民”，在穆斯林社会里也应当得到宽容与尊重。尽管如此，信仰以上宗教的人群同伊朗伊斯兰共和国之间的关系最多也只能算是“不和谐”，历史上他们也曾遭到迫害。基督教徒与当局的关系更为紧张，因为当局怀疑他们试图将穆斯林改造为基督教信徒，福音派新教徒比传统亚美尼亚、亚述基督教徒受到更多的怀疑。当局怀疑犹太教徒的理由是他们与以色列有关联。虽然自 20 世纪 40 年代始，很多伊朗犹太教徒迁往以色列，特别是 1979 年后，更多的人选择前往美国生活，但留在伊朗的犹太教徒仍然有大约 2 万—3 万人，他们依然是中东地区以色列之外最大的犹太教群体。这些犹太教徒被要求公开表明反对以色列复国主义的政治立场，并时不时被强迫向反以色列复国主义事业捐款。1999 年，一小伙犹太教徒在设拉子以为以色列充当间谍的罪名被捕，但外界普遍认为他们是哈塔米总统同他强硬的政治对手互相斗争的牺牲品。虽然他们最终被释放了，但这一事件却反映出伊朗秘密警察的惯性思维模式。对于这些少数族裔中的绝大多数人来说，在伊朗避开麻烦、过上好生活的关键在于保持低调，尽量避免引起当局的关注。

在伊朗伊斯兰共和国，巴哈伊教徒比起任何其他少数族裔遭受了更多的不平等待遇，这主要是因为他们被看作是伊斯兰教的变节
129 者，也有人认为这与他们所持的宗教信仰受到英国人或前任国王的支持，或者他们在当今时代同以色列结为秘密盟友有关。1980 年 8 月，伊朗当局逮捕了巴哈伊教国家灵体会（Bahai National Spiritual Assembly）全部 9 名成员，自那以后，这 9 人再也没有在公众面前出现过。巴哈伊教徒又选出 9 名新的灵体会成员，其中 8 人被逮捕并遭到秘密处决。据巴哈伊教徒的说法，这种屠杀一直持续到 1984 年，共有 177 名教徒惨遭毒手。此后，针对巴哈伊教徒的迫害并没有停止，只是不再如此高调，但仍不时伴随零星的杀戮和人员失踪。20 世纪 90 年代后期，年轻的巴哈伊教徒被禁止上大学，他们不得不建立起自己的学术组织，但参与此类学术组织的教徒不时地因所谓的阴谋罪被逮捕，有更多人因此付出生命。

从形式上讲，宪法和伊斯兰教法给予少数族裔的保护应当涵盖所有族群的每一个成员。但从另一个角度看，伊朗伊斯兰共和国体制内，理论和实践之间的确存在着巨大鸿沟。当局更不应以中东其他国家的情况更为糟糕为借口推脱自身所存在的问题。

1989 年之后，吸毒和失业等社会问题是缓解了还是恶化了？

1979 年革命并不仅仅是一场政治革命或政变，更是一场削弱特

权阶级、给予大部分底层人民上升机会与希望的真正的社会变革。一些对于革命的描述，从某种程度上看，革命本质上（特别是对于左派人士来说）是为了那些“受压迫者”（mostazafin），他们是革命的首要受益者。但是，换个角度来看，特权阶级以及他们所掌握的种种特权却很难被撼动，“受压迫者”所承受的苦难也很难被根除，尽管一些人已经成功脱离他们与生俱来的苦海。 130

伊朗国内贫困水平居高不下的主要原因是国内高失业率的长期存在。2000 年的伊朗官方数据显示，全国失业率在 10%—14%之间浮动，青年（15—29 岁人群）失业率几乎达到全国平均水平的 2 倍左右，高达 22%—29%，年轻女性失业率达到 40%左右。然而一些经济学家却严重怀疑伊朗官方数据的准确性，一些人认为全国平均失业率已逼近 20%，青年失业率则在 40%左右，25 岁以下青年失业率甚至达到 85%。

高失业率是伊朗经济疲软的重要标志。国内经济增长的速度无法为每年进入市场的大量青年劳动力提供必要的新增就业岗位（进入 21 世纪后，伊朗新生儿出生率较 20 世纪 80 年代和 90 年代有所放缓，但 2015 年的数据显示，伊朗大约 8000 万人口中，30 岁以下人口超过 60%）。90 年代初，伊朗政府还可以将经济不振归咎于两伊战争，现在已经开始甩锅给外界对伊朗的制裁措施（特别是 2011 年 11 月以后实施的更为严厉的制裁措施）。但伊朗经济长久以来一直受到结构性问题的影响，而结构性问题并不受其他因素制约。其核心是过度依赖石油。尽管伊朗不像其他中东地区富油国那样严重依赖石油，但也的确显示出所谓“食利经济”的种种令人沮丧的特征。在此种经济模式下，从一个国有资源中所获取的收入可以遏制

甚至扼杀经济活动的其他领域。食利国家的一个特点就是倾向于向
131 一个已经过度发展的公共领域继续倾斜，伊朗在两伊战争中不可避免地产生的中央集权主义倾向进一步强化了这种趋势，以致伊朗在当前明显的高失业率的基础上又产生了很大程度的隐性失业。其他观察人士还指出，食利主义倾向于加强国家的集权主义并且阻碍中产阶级的独立发展和发挥其应有的政治影响力。以上这些现象，人们在伊朗都可以发现。

与高失业率结伴而行的是一连串相似的社会问题，其中最严重的一个要数毒品问题。伊朗位于阿富汗与欧洲之间的鸦片、海洛因等毒品的走私通道上，在伊朗许多大城市的贫民窟里都能发现大量的阿富汗难民，其中许多人都涉及毒品贸易。《联合国世界毒品报告》指出，2010 年，15—60 岁之间的伊朗人中，20%的人在非法滥用毒品，伊朗是世界毒品滥用比例最高的国家之一。毒品成瘾还带来高犯罪率等更多破坏性的社会问题，也导致卖淫嫖娼猖獗。

在伊斯兰共和国体制下，高失业率还会带来在其他国家无法预见的负面影响。失业的年轻人无法结婚或者独立组建家庭，伊朗 20 多岁的青年人中有高达 75%的人口仍然和父母一起生活。他们无法通过合法渠道进行性行为，一些评论人士将年轻群体中蓬勃发展的地下性文化浪潮归因于此。离婚现象在那些已经结婚的年轻人中也呈上升趋势，离婚率在 2007—2014 年从 12%上升至 21%。这种现象可能与大众，特别是女性，对于婚姻的期望有所变化相关，但也
132 同经济状况困窘、吸毒比例高等因素有关。失业、贫穷、婚姻失败、卖淫嫖娼以及严重影响年轻人的其他因素交织在一起，使得一

些人认为伊朗社会正在走向崩溃。哥伦比亚大学地球研究所 2015 年的《世界快乐报告》将伊朗在 158 个国家或地区中列在第 110 位。

伊朗到底有没有支持恐怖主义?

1996 年，美国政府实施《伊朗—利比亚制裁法案》，其首要原因是担心伊朗政府支持诸如黎巴嫩真主党、伊斯兰“圣战”组织和哈马斯这些致力于通过使用暴力和恐怖手段摧毁以色列的组织（也有伊朗人权状况和核武器问题方面的考量）。许多同伊朗伊斯兰共和国有关的暴力事件往往有伊斯兰“圣战”组织和黎巴嫩真主党的参与，这些事件的目标直指以色列。其他直接与共和国政府有关的事件都指向某些被认定为“国家敌人”的政治人物。

伊斯兰“圣战”组织于 1983 年 4 月和 10 月在黎巴嫩首都贝鲁特制造了两起大型自杀式爆炸袭击，使美国大使馆和机场附近的两处兵营受到严重损坏。美国大使馆袭击事件造成 63 人死亡；而驻黎巴嫩执行维和任务的美国海军陆战队和法国伞兵部队军营遇袭事件中，将近 300 人失去生命。几次袭击事件都发生在一系列事态发展之后。外国军队最初在当地是受欢迎的，可是随着美国支持黎巴嫩军队并命令其军舰向内陆目标开火以后，人们开始对外来势力产
生反感。军营袭击事件之后，美国和其他国家的国际维和部队撤出 133
黎巴嫩。11 月，以色列位于提尔（Tyre）的军事基地又遭遇自杀式爆炸袭击，28 名以色列人遇难。作为报复，以色列袭击了伊朗的贝卡军事基地，导致 23 名革命卫队队员死亡。

1989 年 7 月，伊朗库尔德民主党（Kurdestan Democratic

Party）领袖阿卜杜勒·拉赫曼·哈塞姆卢（Abdul Rahman Qasemlu）在维也纳与伊朗政府代表谈判期间被杀（事实上，伊朗代表为情报安全部人员）。伊朗威胁如果伊朗政府代表被起诉将报复奥地利，最终两名遭到指控的凶手被奥地利政府释放。

1991年8月，沙普尔·巴赫蒂亚尔（曾于1979年初巴列维国王离开伊朗后短暂担任过政府首相）在其位于巴黎的寓所中被暗杀。他在海外流亡时热衷于反对伊朗伊斯兰政权的政治活动，还在1980年7月成功躲过暗杀行动。一名凶手被逮捕并被宣判有罪，但在2010年又被释放并返回德黑兰。

1992年3月，以色列位于阿根廷首都布宜诺斯艾利斯的大使馆遭遇自杀式卡车炸弹袭击，临近几幢建筑（包括一所学校在内）也遭到破坏。袭击造成将近30人死亡和数百人受伤，大多数死伤者是与使馆毫无关联的阿根廷民众，其中包括数名儿童。伊斯兰“圣战”组织随后宣称对此事件负责，并表示袭击是为了惩罚以色列杀害黎巴嫩真主党首领。但是，美国却宣布他们已经掌握了伊朗政府参与此事的证据。1994年7月，第二起自杀式汽车炸弹袭击摧毁了位于布宜诺斯艾利斯的阿根廷以色列互助协会（一个犹太社区中心），致使85人死亡，超过200人受伤。没有个人或者组织宣称对这一事件负责。调查人员随后确信有一伙黎巴嫩真主党成员策划实
134 施了这次袭击，并声称伊朗驻阿根廷大使馆文化参赞、教士莫赫森·拉巴尼（Mohsen Rabbani）协助参与了这两次袭击。但是当地进行的针对第二起袭击事件的调查并不令人信服和满意，这也成为阿根廷政治的一则大丑闻。

1992年9月，包括萨迪格·沙拉夫坎迪（Sadegh Sharafkandi）

在内的 3 位伊朗库尔德民主党领导人及其翻译在位于柏林的米科诺斯（Mykonos）餐厅遭遇谋杀。被杀的沙拉夫坎迪在哈塞姆卢于维也纳被暗杀后成为伊朗库尔德民主党新一代领导人。一名伊朗人和一名黎巴嫩人因此事件被逮捕并最终以故意杀人罪被判有罪。被判刑之后（1997 年 4 月），柏林法官对伊朗情报部部长阿里·法拉希安（Ali Fallahian），以及拉夫桑贾尼和哈梅内伊发出全球通缉令。

美国曾将 1996 年 6 月沙特阿拉伯的胡巴尔（Khobar）大厦爆炸事件归咎于伊朗（该爆炸事件致使 19 名美国军方人员和 1 名沙特阿拉伯人死亡，372 人受伤）。2001 年美国联邦调查局基于部分秘密情报发布了一份起诉书，2015 年一名在起诉书上被点名的沙特阿拉伯什叶派人士在贝鲁特被逮捕。但是在其他场合，沙特阿拉伯政府仿佛一直在指责“基地”组织制造了这次袭击，有人认为这与前一年 11 月“基地”组织在沙特阿拉伯首都利亚德制造的汽车炸弹袭击事件有关，而且有证据显示奥萨马·本·拉登承认制造了此次爆炸事件。此外，许多在联邦调查局起诉书中没有提到的证据都是沙特阿拉伯当局通过严刑拷打获得的可疑性供词。

以上都是与伊朗有关的主要恐怖袭击和暗杀事件。从 20 世纪 90 年代中期开始，对于伊朗仍然支持恐怖主义的批评声音大多基于伊朗对于哈马斯和黎巴嫩真主党的支持，以及这两个组织针对以色 135
列的暴力活动。但是，从总体上看，伊朗不良的国家形象还是源自此前伊斯兰“圣战”组织在黎巴嫩所实施的人质绑架事件、鲁西迪事件和（2000 年之后）愈演愈烈的伊朗核计划。尽管如此，那些有意关注的人士也注意到，特别是在“9 · 11”事件之后，伊朗几乎没有或者基本没有直接参与恐怖主义活动（同时，在什叶派内部也形成一种共识，特别是自杀式袭击在原则上是不被接受的）。同时，逊尼派穆斯林的恐怖主义活动，利用沙特阿拉伯支持的瓦哈比派日益增长的影响力，无论是打着“基地”组织还是“伊斯兰国”组织或是其他组织的旗号，无论是以自杀式爆炸还是其他方式实施，都如雨后春笋般大量涌现（此类袭击，特别是在伊拉克和巴基斯坦，通常都是针对什叶派穆斯林）。2015 年夏天，有新闻报道称，随着伊朗同 P5＋1① 国家达成核协议，伊朗停止了对哈马斯的资金支持。人们只能希望，自拉夫桑贾尼总统任期后半期以来，伊朗参与恐怖主义的下降趋势能够持续下去。

伊朗影院有何特别之处?

1978 年和 1979 年的伊朗影院，同警察局、秘密警察办公室和银行一道，被定义为国家镇压或者外来干涉的象征，时常遭到革命派的破窗入室洗劫。

1978 年 8 月阿巴丹的雷克斯电影院纵火案导致数百人丧生，就是此类事件最有力的例证之一（参见第四章），同时也是正在上升的革命浪潮中的一个重要时刻。伊斯兰革命人士从根本上将电影和戏剧视为道德败坏和西方价值的载体。

136 因此，伊斯兰革命结束后不久，在伊朗上映外国电影以及在国

① 伊朗核问题六国，又称 P5＋1，是六个世界性大国在 2006 年围绕解决伊朗核问题而组建的国家集团，包括联合国安全理事会五个常任理事国，即中国、法国、俄罗斯、英国、美国，再加上德国，在欧洲也称为 E3＋3。——编者注

内制作类似电影几乎成为不可能的事。然而几年以后，由于两伊战争所带来的压力，当局开始意识到电影在宣传方面所具有的潜力，（从 1982 年开始）对特定内容的限制性规定开始逐渐放宽，对于电影制作的投资也慢慢活跃起来。其实，伊朗国内电影制作人也从对外国电影的限制性规定中受益匪浅。由于限制的存在，每年只有少数外国电影能在伊朗上映，这就意味着行业竞争被人为消除。就像人们看到的那样，伊朗的文学形象在过去总是以塑造英雄的方式加以呈现，巴列维王朝时期的文学更多是散播政治主张和政治异见的载体。到了伊斯兰共和国时期，审查制度在很多时候终结了这一现象［当然也有少数例外，比较著名的就是诗人艾哈迈德·沙姆鲁（Ahmad Shamlu）］。审查制度往往会抑制言论自由，钝化文学工作者的创作努力，使得具备独立思想的作家、诗人不愿冒险将自己的真实思想跃然纸上。虽然伊朗文学自革命之后受到长期压制，但是从某种意义上讲，电影却在种种限制中脱颖而出、繁荣发展，在某种程度上成为该国文化界的领军行业。审查制度的种种限制并没有完全摧毁电影人的创造力，反而使得伊朗电影在通过使用间接和含沙射影的方式有效传递艺术、社会和政治等方面信息的过程中变得更加细腻。由于受到审查制度的限制，伊朗电影无法追随好莱坞潮流，用性和暴力作为题材去吸引观众，但这也使得伊朗电影免于使用符合潮流的快速剪辑和编辑手法，而是另辟蹊径。电影人通过多种策略规避潜在麻烦。一些电影以儿童为主人公，例如 1987 年的《何处是我朋友家》、1990 年的《巴树，一个小小陌生人》、1995 年的《白色气球》。也有很多人用类似纪录片的写实手法制作电影。在哈塔米担任总统时期，限制一度进一步放宽，由伊朗少数族裔制 137

作，或者题材与少数族裔相关的电影开始涌现。巴赫曼·戈巴迪（Bahman Ghobadi）的《醉马时刻》和《乌龟飞上天》就是此类电影的代表作。这两部电影分别讲述了位于伊朗和伊拉克境内的库尔德人的故事。伊朗电影同时也呈现出两种不同风格的分化。一类以莫赫森·玛克玛尔巴夫（Mohsen Makhmalbaf）的《坎大哈》和阿巴斯·基亚罗斯塔米（Abbas Kiarostami）的《樱桃的滋味》为代表，是在平时鲜能看到的高水准艺术影片。这类影片往往在西方电影节上斩获大奖却很少能在国内与大众见面。另一类是伊朗影院常规播放的惊悚片和浪漫喜剧（这类影片几乎不在伊朗以外地区放映）。以两伊战争为题材的战争影片也是当时流行的高产类型。

另有一些电影制作人将流行的大众电影转变为更加复杂的、表达政治观点的产品。卡迈勒·塔布里兹（Kamal Tabrizi）于 2004 年拍摄的《蜥蜴》是这类电影最好的代表。尽管嘲讽了伊朗的教士阶层，但是电影在上映之初成功避开审查，在被全面禁映之前引来大批观影者的阵阵鼓掌叫好。另一部（非常与众不同）兼具娱乐性和艺术性（而且在伊朗以外地区也赢得好评）的电影，是阿斯哈·法哈蒂（Asghar Farhadi）指导的《一次别离》。但最成功的导演也许应该是贾法尔·帕纳西（Jafar Panahi），他所指导的作品《生命的圆圈》《深红的金子》和《越位》，故事情节引人入胜，感人至深且直击灵魂。帕纳西于 2009 年游行示威事件后被捕入狱，至今仍然被软禁在家。

伊朗电影似乎在告诉外界人士，伊朗并不仅仅像媒体所描述的那样，是一个阴郁、严酷和充满政治压迫的国家。它所蕴含的丰富诗意以及道德准则都在一遍又一遍地强调着，当今伊朗与以前那个由伟大诗人、哲学家、艺术家和建筑师们共同营造的文化大繁荣时期一脉相承。

第六章　艾哈迈迪内贾德、鲁哈尼和当今伊朗

2005 年，艾哈迈迪内贾德是如何登上伊朗总统宝座的?

在伊朗革命后的所有总统中，马哈茂德·艾哈迈迪内贾德（Mahmoud Ahmadinejad）是个难以捉摸的人物。他并非是自 1979 年革命以来就担任要职或极具影响力的权力阶层的内部人士。和其他总统都有所不同，他甚至不是来自教士阶层，也不是中产阶级家庭出身，而是出自社会低层或中低层；接受的是高等职业教育，而并非精英学校教育。他（通过历时数年的非脱产方式）取得了道路交通管理博士学位。他的衣着十分低调朴素，甚至还有些反潮流。其他伊朗人，包括那些拥有特权背景的伊朗政客都嘲笑他的无知和缺乏教养。然而他并不以此为耻，反而引以为豪，并将此作为自己的优点。他从不刻意讨好受过良好教育的中产阶级和那些渴望拥有地位的人，反而亲近那些对革命人士和统治精英持怀疑甚至仇恨态度的受教育不多且穷苦的普通人。无论是在伊朗国内还是在伊朗对外交往中，艾哈迈迪内贾德都被贴上傲慢、对传统政治准则不屑一顾的标签。

艾哈迈迪内贾德第一次得到伊朗公众关注是在他 2003 年当选德 139
黑兰市长之后。作为市长，他时常以潜在的平民主义右翼举动见诸报端，并建立了同伊斯兰革命卫队之间的联系，例如，他将大型建筑工程合同都交给了革命卫队的承包商。在这一阶段内，伊朗普通民众似乎对哈塔米的改革项目正在逐渐失去信心。一些人将批评的矛头指向哈塔米本人和他的改革派同僚。改革派人士则批评强硬派阻挠哈塔米的改革倡议，特别是宪监会在各项选举中，尤其是 2004 年议会选举中，否决改革派候选人。改革派对此的反应——至少是一些人的反应——是号召举行一次抵制活动。结果 2004 年议会选举的投票率很低（只有 51%左右），使得那届议会成为一个右翼色彩极强的议会。

这一现象在 2005 年总统选举中再次上演。宪监会审议取消了大多数颇具人气的改革派候选人，同时许多改革派选民抵制大选。第一轮投票率只有 62%，以伊朗国内标准来看依然处于低位水平。在所有 7 位候选人当中，竞争第二个总统任期的拉夫桑贾尼得到了最多的选票。艾哈迈迪内贾德却出人意料地赢得第二多的选票。之前有猜测认为，艾哈迈迪内贾德可能会退出竞选，将机会让给另外一位强硬派人士，但似乎伊朗高层领导集团在投票前最后几天又转而支持艾哈迈迪内贾德。得票率第三的候选人迈赫迪·卡鲁比（Mehdi Karrubi）宣称大选存在舞弊行为。这一宣称直到众人大声疾呼 2009 年总统选举存在舞弊行为后才被认真对待。得票前两名的候选人将进入一周后举行的第二轮投票。拉夫桑贾尼是伊朗政权最高层领导集体内部人士，派头十足且气度不凡，自信满满的他是
艾哈迈迪内贾德非常适合的竞选对手。与之相反的是，艾哈迈迪内 140

贾德一再强调他的草根出身，在各省城镇和乡村之中积极拉票，并强调要让最贫穷的人能享受到石油为国家带来的财富。在投票当天，拉夫桑贾尼试图争取改革派人士的支持，但是他失败了。投票率依然很低（只有 60%），但艾哈迈迪内贾德以 60%的得票率击败了拉夫桑贾尼，几乎从草根一跃成为伊朗总统。

艾哈迈迪内贾德关于大屠杀所发表的挑衅性言论是否反映了伊朗根深蒂固的反犹太主义情结?

艾哈迈迪内贾德当选伊朗总统之前和竞选总统时，几乎完全专注于国内政治纲领，即强调将底层人民的需求放在重中之重的位置。成为总统后，他又对外交政策、核问题产生兴趣。一段时间以后，他开始关注以色列。

2005 年 10 月，他发表演讲，其中关于以色列的部分成了他一生中最臭名昭著的演讲（虽然演讲是在一个很小的场合，他本人可能也没想要造成日后那么大影响）。他在演讲中提到“in rejimeh eshghalgareh Qods bayad az safeyeh ruzegar mahv shaved”。这种表述霍梅尼在多年前就提到过。字面意思直译为“那个占领了耶路撒冷的政权必须从时代的篇章中消失”。但是，当这种表述被西方媒体捕捉到并出现在报道中时，很多人干脆简单地翻译成“以色列必须从地图上被抹掉”。结合当时艾哈迈迪内贾德在核问题上采取的不妥协立场，他的这种表述被一些人理解为伊朗要用核武器消灭以色列的直接威胁。

艾哈迈迪内贾德与前任政府在以色列问题上的立场别无二致。
141 无论是拉夫桑贾尼还是哈梅内伊都曾在 2001 年作出过强硬表态，

但在伊朗以外所产生的效果都不及艾哈迈迪内贾德。虽然受到外界的一致否定，但他并没有气馁，反而更加火力全开。2005 年 12 月，艾哈迈迪内贾德（无视历史的重要方面）表示，犹太人在大屠杀后应该被安置在德国或者奥地利；他还问道，为什么要让巴勒斯坦人承受犹太人安置问题所带来的后果？在短短几天之内，他滔滔不绝地反复提及同一主题，又怀疑是否有 600 万人死于大屠杀，并认为确切的数字是一个未解之谜。他还质疑为何这一话题在西方成为一种禁忌（在某些国家甚至违法），然而在那里侮辱宗教却可以免受惩罚。一年后，伊朗外交部在德黑兰召开了一场奇怪的会议，聚集了一批否认大屠杀的人。为了应对那场会议在国际上引起的强烈怒火，外交部指出此次会议并没有什么新的内容，很多伊朗官员早在艾哈迈迪内贾德之前就已经表达了类似观点。尽管如此，伊朗国内一些人士依然指责艾哈迈迪内贾德和伊朗外长在应对与处理这些事件上存在过失，为伊朗在国际关系上制造了不必要的麻烦。这件事深刻反映出艾哈迈迪内贾德和其他保守派人士之间的裂痕日益加深。

自从伊斯兰革命以来，伊朗政府所采取的官方立场一贯是反对以色列和反对犹太复国主义，但这并不意味着反对犹太主义，伊朗国内的犹太人仍然享有沙里亚法中对于“经书子民”的传统保护。在伊斯兰革命期间，特别是 1978 年 9 月 8 日这一天（黑色星期五），大批受枪伤的抗议示威者被送往德黑兰市内一所犹太医疗机构萨皮尔博士医院，由于是私营医院且不像其他医院那样受到秘密警察监控，那里的病人都得到了免费治疗。这所医院和阿亚图拉塔莱加尼 142
（Ayatollah Taleqani）保持着良好关系，医院院长也因此收到霍梅尼从巴黎寄来的感谢信。1979 年 5 月，霍梅尼在库姆接见由犹太社区领袖组成的小型代表团，他表示犹太教在伊朗具有悠久的渊源，伊斯兰教和犹太教在信仰层面上有共通之处，并感谢他们在伊斯兰革命中所起到的积极作用。这次会面被媒体广泛报道，也意味着在伊朗犹太人群体和以色列犹太复国主义之间划上了一道清晰界限，摒弃了伊朗犹太人是犹太复国主义秘密间谍的理念。尽管如此，一些与伊朗当局有关的人仍然时不时地散布关于犹太人的谣言。

伊朗犹太人群体的起源可以追溯至公元前 720 年。彼时，亚述人征服了以色列王国北部，犹太人分散在米底王国的部分地区。《圣经》的《旧约》记载，波斯君主作为保护者在很大程度上是受犹太人欢迎的。居鲁士大帝允许犹太人从巴比伦重返耶路撒冷，并在那里重建神庙。在接下来的几个世纪中，出现了一种长期的宽容与小规模的迫害并存的模式，这种模式在萨法维王朝时期出现，并在恺加王朝时期重演。同中东其他地区一样，犹太教徒和基督教徒受宗教法律保护（这种程度的保护是犹太教徒在中世纪的欧洲不曾享有的），却没有穆斯林所享有的权利和特权，同时又被某些人认为是不纯洁、不洁净的群体。如果伊朗境内的犹太教徒遇到困难，他们会向高级别教士申请保护，而这往往会成功，但级别较低的或边缘的教士可能会用反犹太言论煽动暴徒。19 世纪，在大不里士、哈马丹和马什哈德就发生过针对犹太教徒的大屠杀。进入 20 世纪，
143 欧洲反犹太主义对于伊朗也产生了一定影响，并在某些方面为既有偏见提供了虚假的科学权威例证。

如同前文所述，当今伊朗依然生活着大量犹太人。而在中东其他地区已经基本看不到犹太人的身影，由于受到不公正待遇和宗教

不宽容政策，他们基本上都已经移居美国、以色列，或是欧洲。今日的中东地区，出于对以色列的敌意和对巴勒斯坦的同情，反犹言论仍然随处可见，这一现象令人十分遗憾。然而，尽管现在的伊朗政府对于以色列所持的公开敌意要远甚于中东其他一些国家，但反犹言论在该国却并不常见。许多国家，包括欧洲的大部分国家，都存在反犹的历史，伊朗也不例外，但这并不是伊朗文化的核心特点。在伊朗，人道主义宽容是一种自古以来的传统。据英国广播公司（BBC）报道，2014 年 5 月的一项民意调查显示，56%的伊朗人对于犹太人持负面态度，但这已经是除以色列之外的中东地区国家中比例最低的，在土耳其这项数据为 69%，巴勒斯坦地区则高达 93%。尽管艾哈迈迪内贾德和其他一些人在大屠杀问题上摆出攻击性姿态，但也只有 18%的伊朗人相信“犹太人仍然喋喋不休地讲述他们在大屠杀中的遭遇”这一表述“可能是真的”，而这一数据在美国则为 22%。

伊朗的核计划是否意在制造核武器?

伊朗的核计划于巴列维国王时期启动，并受助于德国和美国。自计划伊始，尽管当局公开宣称该计划旨在促进民用发电，但仍有人怀疑其真正的目的在于制造核武器。144

自从《不扩散核武器条约》(*Nuclear Nonproliferation Treaty*)于 1968 年签署以来，伊朗就以非核武器国家身份加入条约。进入伊斯兰共和国时期后，霍梅尼下令取消所有核项目（霍梅尼认为，核项目是前任国王虚荣奢靡的标志，所有大规模杀伤性武器都是违反伊斯兰教义的）。然而，到了 20 世纪 80 年代中期，当了解到萨达姆·侯赛因正在推进核武器计划时，伊朗也随即重启核计划。在那段时间，出于两伊战争时期政策方面的考量，以及战后安全层面的考量，拉夫桑贾尼在决定重启核计划中起到了关键作用。

伊朗当局曾反复表示会严格遵守之前签订的《不扩散核武器条约》内容条款，承诺核能只会用于民用，并宣布核武器违反伊斯兰教义的宗教立场。但近年来，外界对伊朗核计划意图的不确定和怀疑一直存在，尽管伊朗政府一再声明，西方国家和各国情报机构仍一直相信伊朗核计划意在制造核武器。

对于伊朗核计划的一个观点认为，就像一些人已经说过的那样，伊朗当局一直在欺骗公众，核项目的首要目的一定是制造核武器。但是也有理由认为这种论调过于笼统和绝对。伊朗政府所秉持的核武器违反伊斯兰教义的宗教立场自霍梅尼时代开始就从未改变，毕竟伊朗还是一个伊斯兰共和国。伊朗在 20 世纪 80 年代本可以使用化学武器报复伊拉克，但却并没有这么做，这一事实为伊朗公开宣称的宗教立场增添了不少可信度。

145 也可用一种解释来中和两种不同观点，即伊朗当局的真实企图是拥有制造核武器的能力，但又不真的去制造此类武器。也就是说，伊朗需要拥有在短时间内（也许是一年，甚至更短时间）制造原子弹或者核弹头的原料和技术，以应对可能面临的入侵或大规模杀伤性炸弹袭击等严重安全威胁。这种能力对于外来入侵可以起到震慑作用，虽然比真正制造一个核武器的震慑力要低，但也比不具备此种能力要好得多。拥有这种能力也有利于伊朗避免违反《不扩散核武器条约》的相关承诺，因为一旦违反承诺，必将在联合国层面给伊朗造成严重后果。其他国家，包括日本和德国，尽管也都是

《不扩散核武器条约》框架内的无核武器国家，但也都被外界认为在事实上拥有制造核武器的能力。

如果事实果真如此，那么伊朗人从来没有打算制造真正的核武器，而是将其所具有的威慑力作为一个极端选择。这种观点可能看起来模棱两可，但却不违反国际条约的相关表述，同时也是伊朗震慑外来进攻的一种方式。

伊朗对于以色列来说是严重威胁吗?

伊朗并不承认以色列是一个合法国家，自从 1979 年以来，伊朗一直对于那些否定以色列权利的组织给予支持，尤其是哈马斯和黎巴嫩真主党。伊朗同样也支持那些团体用暴力方式反对以色列。尽管激烈程度较低，但这也是另一个主要区域国家对于以色列安全的直接威胁（近年来，黎巴嫩真主党的行动主要局限于防御以色列军队层面，2015 年夏天的报道称，伊朗完全停止了对哈马斯的经济资 146
助）。以色列必须严肃对待。

伊朗官方态度自 1979 年以来并没有发生重大改变，但是伊朗同以色列的关系在事实上却发生了很多改变。如果以 2016 年的观点来看这一切，可能会有诸多奇怪之处，但是两伊战争期间，以色列曾是伊朗最可靠的武器及其零部件供应国，特别是随着战争不断深入，获取武器变得愈加困难的情况下（此种情况在两伊战争和伊朗门事件中有所提及）。两伊战争爆发初期，以色列国内如摩西·达扬（Moshe Dayan）等重要政治家纷纷要求美国修复同伊朗的关系并支持伊朗对抗伊拉克。本雅明·内塔尼亚胡（Binyamin Netanyahu）于 1996 年当选以色列总理以后炮制了更多来自伊朗方面的威胁，特别是在2003年萨达姆倒台（以色列之前将伊拉克视作更为严重的威胁）和艾哈迈迪内贾德2005年当选伊朗总统以后。就像人们看到的那样，艾哈迈迪内贾德激化了伊朗对以色列的言论。内塔尼亚胡则以牙还牙，声称伊朗的核计划给以色列造成“生存威胁”。

以色列国内有影响力的人物纷纷批评内塔尼亚胡过分夸大来自伊朗方面的威胁，暗指他本人应对激化两国紧张态势和强化彼此敌意负责。这其中包括两名摩萨德退休官员和一名来自以色列内部情报机构辛贝特①的退休领导人。事实上，即使伊朗已经拥有核武器（其实这已经是夸张的想象），依然很难想象这会对以色列的生存产生严重威胁。当今世界，无论哪个国家率先使用核武器都无异于将一把匕首插入自己的喉咙。伊朗以任何形式使用核武器都会招致以色列
147 发动毁灭性还击，同时事态还会因美国加入打击而进一步升级。

尽管如此，伊朗否定以色列的存在权对于后者来说依然是一个十分严重的问题。鉴于两国间存在敌对关系，如果伊朗以任何形式获得生产核武器的能力，即使这种能力很弱或只在理论层面上存在，也都意味着以色列有效的核震慑能力的降低。伊朗对于以色列所采取的立场是伊斯兰革命的产物，这种立场考虑到巴勒斯坦人长久以来所承受的苦难，更是为了伊朗自身的外交利益。如果伊朗对以色列的立场能够有所缓和，哪怕是默认以色列存在的合法性和停止资助暴力活动［就像围绕2003年“大谈盘”（Grand

---

① 即以色列国家安全局，与以色列情报特务局和以色列军事情报局组成以色列情报体制。与摩萨德不同，辛贝特更加侧重以色列国内的安全事务，例如为政要和外国来宾提供安全保护。——编者注

Bargain）的谈判中所暗示的那样]，无论伊朗还是整个中东地区都会因此受益。

为何艾哈迈迪内贾德 2009 年再次当选总统会在伊朗国内引发一场政治危机?

受到候选人电视直播辩论这一新现象的刺激，2009 年 6 月总统大选前的最后几个星期内伊朗民众热情高涨，逐渐演变成人们所称的“绿色运动”。支持率领先的候选人米尔-侯赛因·穆萨维不承认艾哈迈迪内贾德连任的结果，并领导了这场运动。穆萨维曾在两伊战争时期担任伊朗总理，但自那以后他已退出政坛多年。这种公众情绪另一方面来自伊朗大选的前一年，贝拉克·奥巴马当选为美国总统。对于伊朗国内希望结束被国际社会孤立的局面的改革派和温和派来说，奥巴马在执政的前 6 个月内推出的对伊朗“张开双手”政策，特别是他在 2009 年 3 月诺鲁兹节期间发出的极具开创性的信号仿佛给他们带来了一种希望，要是这种希望也能从伊朗方面得 148
到积极回应就好了。

在投票日前一天，穆萨维身后的改革运动正在不断壮大，而早前释放出的高投票率信号进一步证明了这一点，这表明那些曾抵制 2005 年总统选举且支持改革的选民已经改变了想法，转而参加此次总统选举投票。选票清点的结果也清晰地表明此次选举投票率很高，达到了 85%，63%的选民将票投给了艾哈迈迪内贾德，远远超过 50%的胜出门槛要求（如果低于 50%就需要进行第二轮投票，在首轮投票中得票最多的两位候选者会进入第二轮竞选）。

公众对于这一投票结果立刻给予强烈回应。数以万计的伊朗民众随即认为有人为了保住艾哈迈迪内贾德的总统职位而故意对大选结果做了手脚。于是，人们头戴代表着穆萨维阵营的绿色头巾涌上德黑兰和其他一些城市的街道进行抗议示威。短短几天时间，抗议人群就增加到数十万人。在 6 月 15 日的星期一，示威人数估计已达百万之多。示威人群的数量之多以及来源之广仿佛在否定这样一个观点，即游行示威只是某个孤立群体的酸葡萄心理在作祟。欧洲和美国的新闻媒体满怀喜悦地报道称，这是伊朗自伊斯兰革命以来规模最大的游行示威活动。每到晚间，伊朗人聚集在屋顶高声疾呼“真主至大”（Allahu Akbar），此情此景仿佛 1979 年革命的重演。

没有人能够证明总统选举结果是被人为操控的，也许真相永远都不会被人所知，但是一些情况的确令人生疑。选举结果并没有像以前那样进行公布。与之前的选举结果情况都不同的是，没有明显迹象表明候选人的家乡选区对各位候选人有明显偏向。选举的几个
149 月前，伊朗最高领导人哈梅内伊发表声明支持艾哈迈迪内贾德，这同之前的选举相比已经有了明显的不同。甚至在选举结果公之于众的几个小时前，警察和军队就已经走上街道，对游行示威活动进行预先阻止。他们环绕在内政部（选举结果将在这里发布）和穆萨维竞选总部周围，严重妨碍了反对派的通信往来和应对能力。结果一经公布，哈梅内伊在几个小时之内就强硬表态，支持艾哈迈迪内贾德再次当选伊朗总统，并声称这是一道神职判决令。在此前，伊朗最高领袖通常会等到宪法监护委员会承认选举结果后才发声，而这一过程往往需要 3 天时间。

虽然发生了以上林林总总的事，但有一点是清晰明了的，那就

是在 6 月 12 日投票当天，许多选民为艾哈迈迪内贾德投下了他们的选票。一般认为，艾哈迈迪内贾德的最强支持者来自保守的乡村选区和城市选区中的贫苦人群。那些既不信任伊朗当局又不信任具有城市气息的反对派候选人，同时也对改革派不抱幻想的选民将票投给了艾哈迈迪内贾德。因为，同其他政客不同的是，艾哈迈迪内贾德外表和言行同他们更为相似，选民了解他并觉得他值得信任。许多伊朗人支持艾哈迈迪内贾德对西方所采取的强硬立场，并支持伊朗发展民用核计划的权利。在乡村，当局无论采用选举前增加工资的方式还是使用威胁手段都可以轻易控制选民。但是人们也不能推而广之（有人就过于极端）地将总统选举定义为已经城市化、西方化并表达自己主张的少数群体与相对沉默的来自乡村的多数群体之间的一场对抗。伊朗 2009 年的城市人口就已经超过 60%。

尽管存在殴打和逮捕的行为，当局也采取措施禁止对抗议活动进行任何报道，但抗议活动仍然持续着，伊朗民众也想方设法地将
这一切通过脸书和推特等新兴网络渠道传播到伊朗境外。整个夏 150
天，抗议者的愤怒都聚焦在内达·阿迦-索尔丹（Neda Agha-Soltan）事件上。内达是一名年轻女性，她在 6 月 20 日游行活动中遭枪击死亡。她的死亡过程被周围的人用手机拍摄记录下来，并立刻通过 YouTube 平台传遍世界。抗议示威活动时断时续地持续了几个月，常常利用政府举办的各项活动，并将其接管。例如 9 月 18 日，政府计划举行常规活动［圣城日（Qods day），即耶路撒冷日（Jerusalem Day）］向反对以色列的巴勒斯坦人民表示支持；11 月 4 日，举行伊朗民众占领美国大使馆 30 周年纪念活动。被逮捕人数

和在监狱看押人数不断攀升。整个夏天和秋天，伊朗国内充斥着在押抗议者被折磨和死亡的各种报道，预计死亡人员高达数百人。

2009 年 12 月 19 日当天，侯赛因·阿里·蒙塔泽里，一位与改革运动有关的资深教士在睡梦中离开人世，享年 87 岁。12 月 21 日，为他在库姆举行的葬礼再次引发抗议示威活动。支持政府的一伙流氓恶棍当街袭击了穆萨维和卡鲁比（6 月参加总统选举的另一位改革派参选人）。12 月 27 日是阿舒拉节，当天再次爆发游行活动。2010 年 2 月 11 日（1979 年革命胜利纪念日），伊朗政府针对反对派在重要日期、重大节日游行中破坏正式活动的这一做法采取了反制措施。政府在街道上部署了大批警察和巴斯基民兵，关闭互联网和手机网络，禁止除政府支持者以外的一切人员从外部进入阿扎迪广场。抗议示威者试图在 2 月 14 日再次举行集会，但仍然无法找到应对政府遏制措施的方法。事实上，这已经是设法组织集会
151 的最后一次尝试了。强硬派政府领导层将穆萨维和卡鲁比居家监禁，直到（2016 年 8 月）笔者写作此书时仍然如此。大批改革派人士在 2009 年 6 月之后纷纷远走他国，开始海外流亡的生活，但还有数不清的人仍然被关在监狱。

2015 年 6 月，伊朗针对 2009 年的系列事件和民众对于“绿色运动”的态度举行民调。人们需要对各类民调保持高度警惕，特别是在伊朗举行的民调（参与调查的民众对于调查是否匿名都很担心）。尽管如此，民调结果还是很有意思的。在参与调查的人群中，59%表示相信 2009 年总统选举结果是准确的，没有发生舞弊行为；19%认为政府有舞弊行为；另有 22%表示不了解情况或不愿发表评论。民调结果还显示受过良好教育的人和城市民众更倾向于对 2009

年选举结果持怀疑态度。另外，民调还发现，在所有参与者中，将2009年系列事件定义为“绿色运动”的人数比例和定义为“煽动暴乱”（Sedition，伊朗政府对2009年抗议示威活动所使用的专有名词）的人数比例一模一样（都是28%）。尽管在伊朗境外仍然有持怀疑态度的人，但是人们也必须接受这样一个事实，即有很大比例的伊朗人，可能是大多数伊朗人，都相信选举结果真实有效。这次选举造成了，或者至少反映了伊朗社会的分裂。

在那时，一些西方评论人士发表观点称，2009年选举结果其实并不重要，因为人们在两位候选人穆萨维和艾哈迈迪内贾德之间并没有太多选择余地。这种观点事实上是有误解的。穆萨维和他的改革派支持者并非寻求推翻伊斯兰共和国体制，但所发生的事情也绝非无关紧要，因为他们并没有按照带有西方色彩的事件进程向前推进。通过人为干预选举结果（公众广泛相信选举结果被人为操纵过），政府严重破坏了伊朗宪法的代表制，他们完全无视大选结果 152
的事实，给伊斯兰共和国的政体本质造成了严重危机。例如前总统拉夫桑贾尼和哈塔米等知名人士公开对所发生的一切持批评态度。反对派参选人穆萨维和卡鲁比不断提出抗议。一些著名教士也对选举过程中的种种行为批评不断，其他教士则有选择性地保持缄默。这场政治危机不仅是伊朗当局与民众当中一个阶层之间的对峙，还是当局内部自身的一场危机。伊朗最高领导人哈梅内伊被迫采取一种比以往更具偏向性的立场，并放弃了他的直属官僚机构将他个人地位置于日常政治工作之上的观念，同时他也更加依赖革命卫队的支持。

伊朗伊斯兰革命卫队在政治生活中有多重要?

伊朗伊斯兰革命卫队被许多伊朗人简称为赛帕（Sepah）。该组织于 1979 年作为保卫革命政府的准军事化力量组建，直接听命于霍梅尼。建立之初，革命卫队的主要任务是同库尔德分裂势力和人民“圣战”者组织（MKO）作战。两伊战争爆发后，革命卫队得以迅速发展壮大并转而成为伊朗最重要的武装力量。自那以后，伊朗政府开始大力宣传革命卫队在与萨达姆军队作战时所取得的种种胜利，不过革命卫队的确在许多关键战斗中发挥了重要作用，也承受了巨大的伤亡代价，特别是在 1986—1987 年跨年的冬天进行的代号为“卡尔巴拉 4”“卡尔巴拉 5”的两次攻势中。在其他战斗中，革命卫队的伤亡也不小。

153 霍梅尼非常清楚，革命卫队绝不应当积极参与政治，然而宪法所赋予他们保卫伊斯兰共和国政权、应对来自内部和外部一切威胁的职责，为他们留下了一块灰色地带。在霍梅尼死后几年时间里，革命卫队在伊朗政治生活中的作用变得越来越重要。1999 年夏，几名卫队指挥官致信警告当时的总统哈塔米，如果政府不对德黑兰学生抗议示威活动采取必要措施，那么共和国卫队就将介入。虽然卫队最后并没有这么做，但是他们对于 2009 年因总统选举所导致的抗议游行的镇压在事实上加强了他们在伊朗政治体系中的作用（凭借哈梅内伊对其的依赖）。革命卫队与艾哈迈迪内贾德的关系之密切在伊朗众所周知，无论是出任总统后还是先前担任德黑兰市长时，艾哈迈迪内贾德都多次为革命卫队输送利益，特别是在工程建设方面。2009 年 10 月，一家与革命卫队相关联的公司以大约 80 亿美元的价格购得国家垄断的电信行业的控制股权，此举进一步加强了革命卫队在伊朗经济领域的作用。2011 年秋，外部对于伊朗的制裁日益加剧。许多观察人士指出，革命卫队通过走私和在打破制裁的一系列行动中获得了巨大的利益，尽管这种指控很难被证实。

革命卫队在伊朗政体中的角色达到前所未有的高度，然而在这种政体的其他领域内却出现了多种意见。这种现象的一个表现出现在 2009 年总统选举期间，革命卫队前任指挥官莫赫森·雷扎伊公然反对艾哈迈迪内贾德。当哈梅内伊同艾哈迈迪内贾德闹翻之后，革命卫队选择站到哈梅内伊一边，而不是鲁莽且放肆的艾哈迈迪内贾德一边。共和国卫队指挥官们的意见在最高国家安全委员会（the Supreme National Security Council）和伊朗体制内，占有很重的分 154
量，但却不一定能起到决定性作用，而且决议都是由集体进行决策。哈梅内伊依赖革命卫队，但由于哈梅内伊和宗教法学具有至高权力，因此革命卫队也依赖哈梅内伊，依赖宗教法学的各项原则。如果某一天革命卫队，或是卫队的某位高级指挥官突然介入并统治伊朗，这也并非不可想象。然而，伊朗伊斯兰共和国的军队传统与土耳其或者埃及有着天壤之别，在伊朗从没有发生过类似的军事政变或者军政府统治，因为此类事件一旦发生，将直接违背自 1979 年以来所形成的原则。

革命卫队对于伊朗人具有双重重要性，这也反映出国内政治主张存在分歧。虽然许多人仍然将革命卫队视作两伊战争的英雄和伊朗独立的重要保障，但也另有许多人视其为执行伊斯兰共和国强硬路线的顽固且具有压迫性，有时甚至腐朽的政策推行者。

伊朗最高领袖哈梅内伊是不是一个独裁者？究竟是谁在掌管这个国家？

正如我们已经看到的那样，伊朗伊斯兰共和国宪法中包含多个不同的权力中心。它也包含多种西方民主国家特征，例如民选总统、民选议会、一整套司法体系、一个政府和各部行政长官，等等。然而，这些政府实体却往往不能像人们期待的那样履行职责。

对于伊朗宪法的一种理解是，它试图同时迎合两种理念，即伊斯兰政府理念和人民主权的理念。在这两种理念之中，伊斯兰原则在宪法文本中占据主导地位。相比之下，总统和议会的选举办法被
155 清晰地表述出来，而人民主权的原则却不见任何直接陈述。人民主权在宪法条文中是隐性的而非显性的。1979 年以来，显而易见的是，在具体的政治行为中，伊斯兰原则是高于民主原则的。但是，尽管存在种种限制、局限和滥用的情况，代议制政治对于事件塑造起到了重要作用。

宪法规定，伊斯兰政治权威中最具学识的人是领袖（rahbar①），当前是由阿里·哈梅内伊担任。在西方出版物中，他通常被称作最高领袖。这一称谓也适用于伊朗国内，但在宪法中仅称之为领袖。领袖在伊朗国内拥有最高权力，他有权任命包括革命卫队在内的武装部队指挥官和司法体系领导官员。总统和议会是经选举产生的，然而，候选人在选举前需要得到宪法监护委员会批准，这就使得权力再次落入领袖的掌控（宪法监护委员会由 12 位人士组成，其中 6

---

① 波斯语，英文翻译为 leader。——译者注

人直接由领袖任命，其余 6 人由司法界推选。但司法界官员本身也由领袖选取）。审批过程非常残酷，有志参选总统的绝大多数人都会遭到宪法监护委员会淘汰，只有极少数人能够获批。领袖还可以任命“星期五礼拜”（主麻日）的主持人、巴斯基民兵组织指挥官、国家宣传系统负责人。国家司法制度和伊斯兰指导部共同行使媒体审查职能，但是领袖及其幕僚能够以控制宪法监护委员会为手段从而操控国家体系中的民主元素。

尽管领袖拥有绝对权力，但是国家体系却并没有按照独裁制度运转，甚至在霍梅尼时期也没有。哈梅内伊将政府日常事务交由总 156
统和各部部长负责，重要决策必须经集体讨论后才能作出。参与讨论的既包括他身边的幕僚集团（涉及外交和国防的重要决策），也涵盖最高国家安全委员会，而哈梅内伊是该委员会主席。最高国家安全委员会成员包括总统、外交部部长、所有武装部队指挥官和革命卫队指挥官。总统在国家体系内的作用是有限的。以往，每当总统试图抗衡最高领袖，或者试图分割部分权力时，最高领袖最终总能将其挫败。

人们远不能称伊朗为一个独裁国家，有时批评人士往往还提出相反的观点，即这种国家体系是各种权力中心混乱聚集而成的。革命卫队、总统、情报部门、军队、最高领袖、宪法监护委员会相互角力又各自为政。这一现象有时也被用以解释伊朗为境外恐怖主义和叛乱团体提供支持的指控。革命结束后的最初几年，伊朗国内各个权力中心彼此无序争夺的景象更为明显，霍梅尼利用这种混乱来巩固伊斯兰共和国政权。今日，很多权力中心还依然存在，但是伊朗政体已经发育成熟，而它们无一脱离控制。最高国家安全委员会作为国家首要机关，确保中央掌控政策，也确保维护国家权力和最高领导人权力。不安定因素在伊朗几乎没有任何生存空间。

选举依然不时举行。总统和议会由选举产生，这反映出（尽管无法完全反映）国内民意，各个职能部门人员不断更迭，从而对政治活动产生影响。这一点很重要，绝不应该被轻易摈弃。但是最高领袖和他的幕僚集团出于伊斯兰教利益和维护国家体系的需要仍掌
157 握最终话语权。从这一点看，伊朗并不是一个完全的民主国家。人们可以称之为一个“带有家长制作风的伊斯兰半民主国家”（a paternalistic Islamic subdemocracy），或者一个“伊斯兰化共和国”（an Islamic Republic）。

鲁哈尼 2013 年当选总统对于伊朗来说有何重要性?

鉴于国内长久存在对于异见的管控，以及观察人士所谓的审查制度（情报部或者其他部门对于新闻、政治活动、境内外自由出入等行为的控制），在 2013 年 6 月总统选举拉开序幕前，最保险的预测莫过于这次选举将重演 2009 年总统选举的一幕，即通过在各个必要层面操控选举过程以确保当选者是同最高领袖及其核心幕僚保持一致的那位候选人。5 月，宪法监护委员会审查候选人名单时将拉夫桑贾尼排除在外，这仿佛印证了这一预测。这是一个震荡性事件——前总统遭到宪法监护委员会否决的事实仿佛再次强调了伊朗国家体系发生右倾的程度之深。而拉夫桑贾尼貌似受到了自己对 2009 年总统大选所发表的批评性言论的惩罚。

然而，这并不是这份候选人名单的唯一有趣之处。艾哈迈迪内贾德所欣赏的候选人也被排除在外，这是对他最后的怠慢。宪法监

护委员会共批准了8名候选人，5名是强硬的保守主义者［分别为贾利利（Jalili）、卡利巴夫（Qalibaf）、雷扎伊、维拉亚蒂（Velayati）和哈达德-阿德尔（Haddad-Adel）］，1名温和保守派［鲁哈尼（Rouhani）］，2名改革派［阿莱夫（Aref）、加拉齐（Gharazi）］。名单无法令人感到欣喜。卡利巴夫、维拉亚蒂和雷扎伊在以前的总统选举中都有过败北的经历；阿莱夫和加拉齐寂寂无名；而鲁哈尼以外交官身份被世人熟知，从未以政治家身份参加过以往选举。但其中3名候选人（维拉亚蒂、鲁哈尼、贾利利）有着丰富的外事经验，这至少意味着伊朗当局希望找到一位能够解决核 158
问题和确保减轻外部制裁的总统。

经济困局、外部制裁和核计划这三种危机左右着本次总统选举。贾利利，曾在艾哈迈迪内贾德政府里担任首席核谈判官，起初颇受当局青睐。但是，在总统候选人辩论的重要时刻，维拉亚蒂（也许是所有候选人中与哈梅内伊走得最近的一位）批评贾利利在核问题谈判中过于固执且缺乏想象。这一批评史无前例地将最高领导层内部的意见不合公开地呈现在公众面前，也释放出政策正在转变的另一个信号。

随着竞选活动不断向前推进，阿莱夫和哈达德-阿德尔渐渐落后。鲁哈尼不仅争取温和派选民、支持拉夫桑贾尼的选民和自己的核心票仓，更是试图争取改革派选民的支持。他通过发表关于支持女性地位平等、释放政治犯和言论自由等言论赢得了改革派选民的好感。6月14日的正式投票前不久，哈塔米对鲁哈尼的公开支持使得其人气大涨。

选票统计结果显示，鲁哈尼以50.7%的得票率赢得总统选举。

虽然才刚超过 50%的最低门槛要求，但却足以确保他不再需要进行第二轮投票。同时，鲁哈尼所得选票领先第二名卡利巴夫 3 倍之多。

如果有人相信 2009 年的总统选举存在舞弊行为的话，那么他们也能轻易接受这样一种观点，即让 2013 年选举结果偏离一两个百分点使得投票进入第二轮对于领导层来说不费吹灰之力，而没有人
159 可以预见鲁哈尼在第二轮投票中是否依然能赢。这就再次表明哈梅内伊和他的幕僚集团更看好那些有能力、有资质解决核争端的候选人。但是鲁哈尼的当选还具有另外一重意义。在艾哈迈迪内贾德充满争议的总统任期内，伊朗国内政治整体右倾。先抛开其合法性这一悬而未决的问题不谈，2009 年总统选举的结局无疑增加了伊朗最高领袖对于革命卫队和其他国家安全机器的依赖程度，这是又一个危险的右倾举动。哈梅内伊所尊崇的偶像、伊朗伊斯兰共和国国父阿亚图拉霍梅尼在位时，总是力求在左翼和右翼之间保持平衡。尽管哈梅内伊和艾哈迈迪内贾德最终都安然度过了危机，但 2009 年选举后依然引发了 1979 年革命后规模最大的一次游行抗议，这也一定给哈梅内伊敲响了警钟。如果不去贬低 2013 年鲁哈尼在竞选中所取得的成功，就结果来看，这很像对国内政治体系一次刻意的再平衡，人们可以将其看作是回归到霍梅尼时期的权力平衡模式和一个基础（相对）更为广泛的政府。许多政治阶层都被重新吸纳到政府当中（虽然那些在 2009 年被称作“暴乱分子”的人依旧被排除在外）。

伊朗为何支持叙利亚阿萨德政府？

叙利亚和伊朗在某种程度上是不可能成为盟友的。作为一个伊

斯兰性质的共和国，人们可能根本无法预见伊朗会和一个以“复兴社会主义”① 为政治纲领的独裁国家结为盟友。但是政治，特别是国与国之间的关系，总有一套自身的运行法则，而这往往与意识形态无关。复兴社会主义倡导阿拉伯民族统一，但是该理论的两位创 160
始人米歇尔·阿弗拉克（Michel Aflaq）和扎基·阿尔苏兹（Zaki al-Arsuzi）虽同为叙利亚人，却彼此嫌弃，更不愿成为同一党派成员。最终，融合叙利亚和埃及，以及之后融合叙利亚和伊拉克的计划都失败了，这也为日后哈菲兹·阿萨德（Hafez al-Assad）和萨达姆·侯赛因的个人恩怨埋下了伏笔（尽管两人至少在名义上都是复兴党人士），两人的恩怨最终导致两国共同在 1979 年末断绝了外交关系。当一年后萨达姆派遣军队侵略伊朗之时，叙利亚同伊朗结成盟友，共同对抗伊拉克。叙利亚切断了一条伊拉克通向地中海出口石油的管道，伊朗则向叙利亚提供廉价石油。伊朗同叙利亚在其他方面也有共同利益，例如在中东地区共同对抗美国，共同反对以色列，共同支持黎巴嫩什叶派穆斯林。1982 年以色列入侵黎巴嫩后，在伊朗的帮助下，黎巴嫩真主党成立。自那以后，叙利亚一直是伊朗值得信赖的盟友，同时也是连接伊朗同黎巴嫩真主党之间的桥梁。

自 2011 年春天开始，叙利亚国内反对阿萨德政权的叛乱此起彼伏，伊朗向阿萨德政权提供革命卫队顾问、资金支持以及（外界所认为的）一些部队。在伊朗的协助和支持下，大量黎巴嫩真主党武装人员也出现在战场上。2013 年夏末，阿萨德政府因使用化学武

---

① Baathism，复兴社会主义，起源于 20 世纪 30 年代到 40 年代之间的一场带有世俗性质的阿拉伯民族主义运动。——译者注

器而受到来自国际社会施加的巨大压力，在新当选总统鲁哈尼带领下，伊朗政府在促成叙利亚政府放弃一部分化学武器储备方面发挥了重要作用。大约在同一时间，伊朗仿佛暗示可以接受一个没有阿
161 萨德参与的叙利亚内战的最终解决方案，但是没过多久，他们的立场再次变得强硬起来。在 2014 年和 2015 年初，有预测称，由于伊核协议即将达成，伊朗可能成为西方在叙利亚打击“伊斯兰国”和寻求核问题最终解决方案的建设性伙伴。然而这种希望在 7 月的伊核协议达成后明显消退，伊朗表现出并不情愿介入。当年秋天，当阿萨德政府即将倒台之际，俄罗斯介入并提供密集的空中支援，伊朗对于阿萨德的支持又明显增强。

伊朗必然欢迎俄罗斯的介入，但是历史上的伊俄关系并不友好。至少，俄罗斯在伊朗边境附近保持较强的军事存在，特别是 2015 年秋，当俄罗斯军舰从里海发射的巡航导弹穿越伊朗领空飞向位于叙利亚境内的目标时，此举着实让伊朗国内一些人感到不安（当时，俄罗斯宣称导弹飞越的区域为“无国籍”领土）。2016 年，伊朗政策依然向俄罗斯靠近，当年 8 月爆出消息，称俄罗斯军机已经开始使用哈马丹附近的伊朗空军基地。从 2015 年 10 月末起，国际社会举行了多轮有关叙利亚未来的对话谈判，伊朗首次加入其中，这些对话谈判至少让外界看到了一丝进展的希望。

1979 年以来，伊朗社会中女性地位有何变化？

伊朗的女性地位问题自 1979 年革命以来就充满了矛盾（甚至要比伊朗社会其他领域更为严重），如果没有与之相反或者近乎相反
162 的陈述以作平衡，就几乎不可能对此问题作出任何强有力的陈述。

如果想要了解当代伊朗以及伊朗未来的重要发展趋势，至今几乎还没有其他哪一个复杂现象的重要程度能与这个问题相提并论。

要论述这个问题，需要从霍梅尼开始。霍梅尼对于女性地位的立场既具有高度的政治性，又具有多变性。1963—1964 年，当他刚刚以反对国王而出名时，他曾抨击国王给予女性投票权的政策（却没有批评自己的土地改革的相关计划，土地改革在农民中大受欢迎，却损害了教士的土地红利）。但是到了 1979 年，霍梅尼承认女性在推翻国王过程中作出了相应的贡献，他决定不再违背历史潮流，从而保留了女性的投票权。然而，他却重新引入女性需要佩戴面纱的制度，取消了国王在 1967 年推行的《家庭保护法》中有关自由化的规定，并再次强调沙里亚法相关条款应发挥其作用以及家庭中男性至上的原则。这就意味着，除了别的权利外，女性一旦离婚就将失去孩子的监护权；在司法案件中，女性证词的重要性将不及男性，诸如此类。这导致女性不再可能从事法官或者律师等职业［希林·伊巴迪（Shirin Ebadi）于 1975 年成为伊朗首位女性法官，却在 1979—1993 年期间无法再从事自己的职业。多年后的 2003 年，她以伊朗人权律师的身份成为该国首位诺贝尔和平奖得主］。然而，取消《家庭保护法》所引发的其他变化，例如在理论上重新将一夫多妻制合法化，以及将女性法定结婚年龄下调至 9 岁（后又上调至 13 岁），却并没有真正起到多大作用，因为全社会都以此为耻。

伊斯兰共和国在建立之初的几个月里对女性地位作出的许多改变，使得许多伊朗女性，尤其是但不仅仅限于那些曾积极参与 1978

年抗议示威活动的左派女性，痛苦地感觉到自己遭遇了革命的背
163 叛。尽管如此，从长远来看，其他变化对于女性来说同样重要或者更为重要。两伊战争就是其中一个因素。当男性上前线作战时，女性就在工作中或者家庭里承担了男性的角色。教育领域所发生的变化也引发了其他一些重要改变，而这些改变却往往得不到外界重视。

由于高出生率和快速增长的人口，以及巴列维政府牺牲农村以换取城市发展的偏颇政策，巴列维国王从来没有在全国范围内普及全民初等教育。而在伊斯兰共和国体制下，即使是最偏远的乡村也至少有一所学校，在几年的时间里，所有儿童都有希望接受基础教育。伊朗识字率迅速攀升，在 2015 年达到 86.8%。与此同时，许多来自更为保守的乡村地区和外省城镇地区的家庭（家庭里的父亲）破天荒地乐于将自己的女儿送入学校，因为学校根据性别将学生进行分离，而且女孩（从 9 岁开始）上学期间必须穿着希贾布①。男孩和女孩上学开始成为日常，许多家庭要求子女去取得尽可能优异的成绩，在学校接受教育直到 18 岁，然后进入大学继续学习，这体现了伊朗社会存在的对于学习和知识素养的潜在文化尊重。政府对上大学持鼓励态度，在两伊战争后的几年时间里，一大批大学和自由大学（独立于政府财政支持，依靠学生学费自给自足的大学）在各省相继建立。

在此之际，伊朗出现了同西方国家中学教育阶段相类似的现象——伊朗女孩在青少年阶段的学习中表现得更为勤奋，考试成绩

① Hejab，指穆斯林妇女穿戴的面纱或头巾，也指穆斯林风格的服装。——译者注

也相对优异。这也使得女孩在大学入学考试中分数更高，所以在 164
（自20世纪90年代后期开始）很多年里，大学录取学生中60％—65％为女性。紧接着，这些受过良好教育的年轻女性离开大学，进入劳动力市场（尽管伊朗年轻人失业率之高令人泪目，年轻女性失业率甚至更高），多数人都能找到优渥的工作。在教育部门、神职岗位、私营经济、医药领域和国家公务员队伍中都存在着大量女性（当今超过一半的伊朗教师是女性）。

伊朗女性地位的提高，可视为教士集团成功掌握伊朗政治和决策权所带来的一种结果。教团是伊朗传统的知识分子阶层。如果伊朗国内还有哪个阶层能毫无保留地将教育本身看作是一种优良品质的话，那必是教团无疑。女性接受更高水平的大众教育，以及更广泛地进入职场本身就是这种潜在观点的一种体现。同时，女性在教育方面所取得的成功也引发另外一些现象。在伊朗许多家庭中，妻子的收入高于丈夫，更高的教育水平就意味着在生活的其他方面有更多的选择。一般来讲，女性结婚时间有所推迟，一些受过良好教育的女性在选择婚姻对象时左顾右盼，甚至干脆选择不婚。一些观察人士注意到，在中产阶级女性中所发展出的关于家庭、职场和政治的自由派观点与女性自信心的提升和收入能力的增强存在密切关系。其他观察人士，特别是齐巴·米尔-胡塞尼（Ziba Mir-Hosseini）和查尔斯·库兹曼（Charles Kurzman），都提到伊朗进入了“女性一代”的观点。

当然，人们也不应该对此过分夸大。以上现象大部分只出现在中产阶级女性中，大多数底层女性甚至不敢幻想能够找到一份收入良好的工作，她们仍然需要面对高失业率、不公正的性别歧视、极

165 度贫穷等残酷现实，以及毒品、卖淫、家庭破碎等问题给她们带来的无法挽回的伤害。相当数量的女性仍然无法在国民经济各个领域中晋升到管理岗位。近年来，政府中仍有人试图在部分大学课程限制女性上课名额（截至目前，这种限制所产生的效果还不明显）。法律上的不平等待遇对于伊朗实现女性平等的合法愿望来说真可谓是一个持久且耻辱的污点。

然而，一些伊朗女性社会地位的转变必将会对伊朗社会和政治产生更广泛的长期影响。从宏观层面上看，尽管社会还存在很多黑暗面，但这种变化是伊朗社会光明前景的特征之一，并且在一定程度上可以使人保持谨慎乐观态度。

伊朗刑罚为何如此严酷?

伊朗国内刑罚十分严酷。国际特赦组织认为伊朗在 2015 年 1—7 月间处决了将近 700 人（尽管数字仍存在争议）。另外，据一些人的说法，伊朗的人均处决率高居世界之首。国际特赦组织还尤其关注遭处决的青少年人数——这也是刑事责任年龄相对较小的一种结果（男孩为 15 岁，女孩为 9 岁）。四分之三的处决与毒品有关，另外几乎全部指向谋杀或其他一些重罪。言论自由和媒体自由被严格管制。记者、电影人和从事其他行业的人也会被捕入狱。监狱条件恶劣，关押人员经常产生病毒交叉感染，医疗条件简陋有时甚至根
166 本没有。尽管宪法不允许虐待，但是虐待折磨在监狱和警察局里司空见惯（伊朗称之为刑罚，而非折磨）。

传统的伊斯兰教刑罚，例如石刑之于通奸，截肢之于偷窃，也时有施行，但是由于伊朗公众反对，以及政府面临来自国内外的压

力，近年来使用频次明显减少。这部分缘于伊朗司法体系内部长期存在的不统一。一方面，伊朗有法典和正式的法庭体系。尽管存在滥用司法、不遵守法定程序、缺乏对辩护律师的适当规定等不足，但其运转方式总体上同大多数国家如出一辙。另一方面，特别是在地方省区，教士可以独立于司法体系之外，根据沙里亚法进行裁决。许多此类裁决（可能是大多数）都合理且人道，但是不能保证全部裁决都是如此。

伊斯兰教是一种存在教法的宗教，伊朗伊斯兰共和国之所以严酷地处理犯人，其部分原因是伊斯兰教法允许在最恶劣的案件处理上使用严酷刑罚。处决率居高不下也反映出伊朗国内毒品问题（通往欧洲的毒品交易需要过境伊朗是此问题的部分原因）和其他一些社会问题的严峻形势。

伊朗是“21 世纪的苏联”吗?

一句话，不是！这种提法经常见诸美国或以色列的媒体和其他
行业。每当以色列出现反伊朗言论，这种论调就会出现。伊朗对于 167
西方来说无论如何构不成苏联那样的威胁。此外，特别是 2015 年 7 月伊核协议达成之后，中东其他地方对于西方利益造成的威胁远大于伊朗。无论是否拥有核武器，伊朗的战略绝不会像苏联那样触及全球，也绝不具备支持这种战略雄心的攻击性武装力量，也无法维持如此规模的国防开支，国内也不具备如此全面的军事工业体系，做不到通过军事手段占领半个大洲，更做不到全面掌控国民思想。

与周边国家相比，伊朗的军事开支相对较小，在 2012 年只占到其国内生产总值（GDP）的 2.3%。此数据是笔者撰写本书时能找

到的年份最近的数据（这项由瑞典国际和平研究院评估的数据只截至 2015 年 11 月，可能并没有包括伊朗伊斯兰革命卫队的相关花费，否则数值可能会提升 0.5—0.75 个百分点）。而在相同年份里，沙特阿拉伯的军费开支占 GDP 的 7.7%（2014 年上升至 10.4%），以色列 5.7%，阿拉伯联合酋长国 4.8%。美国同年的军费开支为 4.2%。苏联在 20 世纪 80 年代中期的军费开支据估算高达 15%—17%。所以，无论是在中东地区还是在全世界范围内，伊朗无论如何都算不上军费开支大户。如果将军费开支作为衡量军国主义和扩张主义国家的指标，那么伊朗既不能算是军国主义国家，也不能算是扩张主义国家。

除此之外，苏联代表着一种意识形态，这种意识形态对于西方
168 社会内部的一些人来说很有说服力，同时代表着西方民主内部冲突中的一方观点。而伊朗所持的伊斯兰意识形态在西方并没有市场（甚至在中东地区也只有少数人能接受）。也许有人会说，伊斯兰教信众在西方社会中很活跃，但这仅仅限于主要由移民构成的穆斯林社区内部。他们对于所持理念的呼吁总体来说影响力很有限，也没有像苏联的共产主义那样成为西方社会持续讨论的一个政治话题。另外，那些最活跃、最激进的穆斯林是受到沙特阿拉伯和其他波斯湾南岸阿拉伯国家资助的逊尼派中的瓦哈比教派和萨拉菲教派，而并非受伊朗影响的什叶派。伊朗的什叶派属于穆斯林群体中的少数派，只是约占全球穆斯林人群的 12%，这进一步限制了其意识形态的影响范围。

那么伊朗是否像苏联那样干涉邻国内政并试图播撒革命？是……也不是！当今的阿富汗、伊拉克政府或许可被称为带有初始

民主国家色彩，他们受到美国和西方的支持，却更亲近伊朗，在伊朗的帮助下建立起国家。西方支持的这两国政要也得到伊朗的支持。2003—2009年，伊朗介入伊拉克境内叛乱已经成为一个老生常谈的话题，所以一些人试图将西方联军的困境归咎于伊朗。然而，更多证据表明，伊拉克境内支持起源于沙特阿拉伯的叛乱会造成社会不稳定，而这一点却常常被忽视。随后，类似模式又在阿富汗重现。在很大程度上，伊朗关于输出革命的言论未能在两伊战争初期阶段幸存。“什叶派新月带”（Shi’a Crescent）理论，即伊朗支持波斯湾地区国家底层什叶派民众起义，从而将什叶派连成一片，也被
［特别是法国学者劳伦斯·洛伊尔（Laurence Louër）］认为是一派 169
胡言。伊朗在伊拉克和阿富汗都存在相关利益与朋友，而利益就像边界一样，是永久性的（也许与美国及其盟友的利益不一样）。越靠近伊朗边境的国家，伊朗对其施行的外交和安全政策就越务实。2014年夏，随着“伊斯兰国”组织在伊拉克出现，伊朗加强了对于伊拉克南部什叶派的支持力度，而这种支持后来逐渐公开。但是，伊朗对伊拉克和阿富汗的既定政策是促进这两个国家的稳定（从伊朗的角度来看，这是一个非常有说服力的理由），因此，这对于西方和伊朗的外交政策来说都是严重的失败，我们和他们都没有充分利用好彼此之间强大的利益联盟关系。在许多什叶派为少数群体的周边国家里（或者在伊拉克和巴林这种什叶派为多数群体的国家），伊朗和伊朗教团同这些群体总保持着一定关系。但是，这种关系并不是掌控关系，至多不过是伊朗帮助他们自我防卫。由于伊朗和黎巴嫩真主党对于以色列都持敌意态度，因此伊朗同黎巴嫩真主党的关系较为紧密。尽管黎巴嫩真主党发布了很多激烈言论，但是他们

的行动大体上来说也还是防御性的。

谈到伊朗政府的对内行动时，伊朗和苏联存在许多相似之处。反美依然是伊朗当局的基本意识形态，甚至在 2015 年夏达成伊核协议之后也依然如此。对美敌意和他们认为的美国干涉伊朗内政，仍被当局用作其对内控制的合法借口。如同苏联那样，意识形态已经日渐衰微，统治集团（自 2009 年开始）越来越频繁地使用国家
170 安全机器来维持其日渐萎靡的权威。阿扎尔·纳菲西（Azar Nafisi，《在德黑兰读〈洛丽塔〉》的作者）和拉米塔·纳瓦依（Ramita Navai，《谎言之城》的作者）描述了伊朗伊斯兰共和国国内的一些社会情况：失业加剧了由政府伪善的本性以及民众被迫的妥协所带来的惨状；为此，许多伊朗人，特别是年轻人，在绝望中无所作为，辜负自己的雄心，还有一些人昧着良心与政府达成某种交易。

2015 年 7 月在维也纳伊核协议是如何达成的？协议能否继续维持？

2013 年 6 月，鲁哈尼当选伊朗总统，使得外界对于伊朗将加速寻找核问题的解决方案的期望大增。9 月，鲁哈尼在其新任外长穆罕默德·贾瓦德·扎里夫（Mohammad Javad Zarif）的陪同下赴纽约参加联合国大会，美英发言人很快就对伊朗方面采取的新的、更温和、更老练的解决方式表示欢迎。当联合国大会闭幕，各国政客和外交官员离开纽约之际，鲁哈尼同时任美国总统奥巴马举行电话会谈——这是两国领导人自 1979 年后首次交换意见。电话会谈之后，双方确定了进行核问题谈判的路线方向，伊朗国内强硬派人士对鲁哈尼的所作所为进行抨击，而哈梅内伊连续发表支持鲁哈尼的

声明在此刻显得尤为重要。有了哈梅内伊的支持，有了伊朗民众赋予的巨大权威，鲁哈尼在大多数情况下可以对反对派视而不见。

艾哈迈迪内贾德时期，伊朗与其他国家的关系呈现紧张状态。随着其任期结束，伊朗同 P5＋1 国家间的对话以积极姿态于 2013 171
年 10 月重新启动。当各国谈判人员于 1 个月后（11 月 24 日）在日内瓦再次相聚时，他们成功达成一份临时性协议。伊朗同意停止提炼丰度 5％以上的浓缩铀以换取外界放松价值高达 70 亿美元的制裁（美方认为此条款是“适中”的）。伊朗方面还同意将已有浓缩铀提炼至更高丰度使其无法用于制造武器，接受更为严格的核查，停止阿拉克重水反应堆的建设，停止开发改进的离心机。

虽然这仅是一份临时协议，却受到外界一致欢迎，其中也包括哈梅内伊。哈梅内伊迅速发表声明称：“这份成功全部归功于真主的恩典和伊朗人民的支持。”虽然以色列、沙特阿拉伯和美国国会内部都发出反对声音，但是奥巴马和他的内阁成员却态度坚定，使得这份协议成为伊朗停止和扭转核计划的第一步。

也许协议最重要的方面是美国和伊朗双方共同看到了危险的前景，考虑到持续的对抗和矛盾升级可能引发的后果，所以各自决定作出让步，以对话代替对抗。伊朗方面本可以采用一种模糊化政策拒绝对其核计划的一切形式的限制，从而承受被孤立的代价以及制裁所造成的经济损失。美国也本可以继续采用小布什政府时期遏制伊朗成为富裕国家的政策，内塔尼亚胡总是时不时地在一旁煽风点火，要求美国如此行事，坚定地增加对伊朗制裁的压力，直至最后的武力打击。但是，奥巴马却改弦更张，选择信任伊朗人一次。这 172
才是日内瓦协议真正的要义所在。随后各方展开谈判。事实上，人们后来发现，早在鲁哈尼当选总统之前，伊美双方从 2013 年 3 月开始就已经秘密地开展了双边对话。

在日内瓦协议相关条款的约定下，敲定最终协议的谈判规定要在 6 个月内完成。但是，谈判实际花费的时间却更长。其他国家参与谈判是很重要的，然而谈判的关键还是在于美伊之间。与所有涉及这类承诺的倡议一样，在此过程中投入的士气和政治资本与技术细节同等重要。谈判的最后期限在 2014 年 6 月和 11 月被两次推迟，最终于 2015 年 4 月 2 日达成框架性协议，7 月 14 日于维也纳达成最终确定性协议——《联合全面行动计划》。

伊核协议规定伊朗不得提炼丰度超过 3.67％的浓缩铀，同时按此标准提炼的浓缩铀（15 年内）储量不得超过 300 千克，将离心机数量从 2 万台减少至 6000 台以下，同时（13 年内）不得研发更高效的离心机。其他条款包括停止利用位于地下的福尔多核设施进行铀浓缩 15 年，并将其改建成医疗研究中心；重新设计阿拉克反应堆，使其不再生产钚原料；让其境内核设施继续或多或少地接受外界检查，并应外界要求允许他们进入其他核设施。对伊朗制裁的解除将视其履行义务的情况而采用渐进的方式进行。

虽然几天之后联合国安理会就决议通过了这份协议，但美国共
173 和党却对此骂声一片。共和党对于伊朗的敌意是基于一种假设，认定伊朗屡教不改，不可信任。更多经过深思熟虑的反对意见来自从保守主义原则出发，对伊朗军控手段根深蒂固的不信任，自 1979 年以来对伊朗发自内心的厌恶，以及不愿看到奥巴马政府取得政策上的成功。最终，随着奥巴马的反对者无法争取到足够票数来推翻总统的否决权，美国国会反对伊核协议的势力土崩瓦解，但是这种

厌恶伊核协议的情绪却保留了下来。

2015 年秋，伊朗弹道导弹项目又招致潜在问题，并引发新的担忧，但是实际上，伊朗方面对于伊核协议相关承诺的履行足以达到放松制裁的标准，而且落实放松制裁步伐之快也超乎期待。2016 年 1 月 16 日，国际原子能机构确认伊朗已经达到必要条件，放松制裁措施得以逐步开始实施。

伊核协议的签订是由于美国和伊朗这两个主要谈判参与方都对此进行了巨大的政治投资。但这份协议的行之有效必须建立在各方都严格遵守相关承诺这样一个前提之下。在伊朗国内，那些在 2016 年 2 月大选中与鲁哈尼密切联系的温和派和改革派人士所取得的胜利被认为是伊朗人民对伊核协议的有力支持。

伊朗同沙特阿拉伯、什叶派同逊尼派间的对抗为何如此重要?

1979 年革命之后，霍梅尼同阿拉伯世界中的多位领导人，特别是沙特阿拉伯国王和伊拉克的萨达姆·侯赛因，展开骂战。霍梅尼 174
如此行事是因为他认为那些领导人对神不敬，而且他们都是美国的盟友（例如同沙特阿拉伯国王的骂战），而并非因为他们属于逊尼派。霍梅尼的什叶派信仰，至少从传统的逊尼派同什叶派的分裂层面来看，仍然相对温和。而伊朗伊斯兰共和国也反对对逊尼派穆斯林采取极具攻击性的极端什叶派传统（比如经常习惯性地攻击辱骂逊尼派前三位哈里发）。在伊斯兰革命的最初阶段，霍梅尼和其他一些革命人士不断地号召其他国家的穆斯林，不论是逊尼派还是什叶派，都起来反抗本国统治者并建立伊斯兰政府，就像伊朗那样。

然而，对于逊尼派来说，霍梅尼只能代表什叶派伊朗，所以他在伊朗以外的国家影响力并不大。全世界穆斯林人口中大约85%为逊尼派，多数逊尼派从不信任更不喜欢什叶派。伊朗伊斯兰革命在伊朗以外的伊斯兰世界的确产生了重要影响，但是在大多数情况下，这种影响是间接的。伊朗革命的一个重要内容就是抨击在当时与时俱进的一个理念，即第三世界国家，特别是中东国家按照西方模式发展就能进步，将伊斯兰教作为一个陈腐的中世纪遗留抛在一边，从而寻求更高程度的物质丰盈和西式政府体系。在伊斯兰世界的其他地方，一些逊尼派穆斯林对本国具有世俗思想、追求物质主义和倾心西化的统治者感到不满，他们更倾向于接受伊斯兰革命的信条。他们不能接受伊朗的领导层，但可能在某种意义上又因为伊朗的成功而感到羞愧。对于他们来说，逊尼派才是伊斯兰教的正统形式，然而什叶派却率先起来反抗对伊斯兰教的不敬行为以及西方文化的侵蚀。所以，一些虔诚的逊尼派穆斯林觉得必须有所行动。

175 逊尼派对这种情绪的第一次释放来得又早又猛烈。1979年11月20日，伊朗革命成功后仅仅过了10个月，朱海曼·阿尔欧泰比（Juhayman Al-Otaybi）就带领200—300名武装分子占领了麦加大清真寺，他们批评沙特阿拉伯统治家族的腐败，以及对西方的过于开放，同时也抨击沙特阿拉伯教团对于这些邪恶缄口不言。朱海曼要求禁止电视服务，驱逐沙特阿拉伯境内的非穆斯林人口，号召穆斯林罢黜这些腐败的领导人，回归先知穆罕默德时期的生活方式。随后，沙特阿拉伯安全部队包围了朱海曼及其同伙长达2周之久，并在12月初（据说在外国帮助下）最终将其俘获。几周后，朱海曼一伙被施以斩首极刑。

此事件着实令沙特阿拉伯王室大吃一惊并颜面扫地。沙特阿拉伯建立在沙特家族同穆罕默德·伊本·阿卜杜勒·瓦哈卜（Mohammad ibn Abd al-Wahhab）之间的一项协议基础上。瓦哈卜生活在 18 世纪，死于 1792 年，是一位清教徒式的具有改革精神的宗教学者和布道者。他所宣扬的逊尼派伊斯兰教带有原教旨、清教徒色彩，并十分严格，强调一神论（tawhid），反对创新（bid'a）和盲目崇拜（shirk）。当现代国家沙特阿拉伯于第一次世界大战后建立时，瓦哈比派也随之成立，并成为沙特阿拉伯国教。瓦哈比派坚决反对什叶派或苏菲派等穆斯林教派对其他圣人、圣地和圣墓的尊崇，以及他们在宗教思想方面对哲学和神秘主义等非经文内容的包容性。对于一些从小就受瓦哈比派思想影响的沙特阿拉伯人来说，朱海曼攻占麦加城伊斯兰教圣地的行为令他们感到内疚。外界 176
批评沙特家族所秉承的基本信仰正在逐渐退化，而沙特家族在此批评面前显得那样的脆弱。

沙特阿拉伯卡利德国王与其说是打击宗教极端主义，不如说是通过安抚和接纳不同意见来预防进一步的异议和叛乱，此举一下将沙特阿拉伯从西方发展模式（至少表面上是）扭转成为严苛的瓦哈比派教义国家。从表层来看，公众着装发生改变，西式装束遭到禁止，男性和女性着装回归到传统的长袍、罩袍；电影院全部关闭。更为严重的是，瓦哈比派教团在政府中占据了更重要的位置，尤其是在教育领域，从而导致授课回归到更为传统的方式。沙特阿拉伯政府加大了对其他伊斯兰国家传播瓦哈比主义的支持和资助力度，投建清真寺和学校以应对所谓的来自霍梅尼领导的伊朗的威胁（朱海曼占领大清真寺之后不久，沙特阿拉伯东部省份卡提夫省就发生了什叶派起义。此次起义是由警察镇压和禁止什叶派举行宗教仪式游行并且严禁从德黑兰传入言论引发的。起义也使得沙特阿拉伯1979年危机进一步恶化）。

自1979年开始，沙特阿拉伯和伊朗之间的双边关系就如同过山车一般高低起伏，但是由沙特阿拉伯资助的瓦哈比主义在伊斯兰世界的扩张却是无法阻挡的。更为狭隘的瓦哈比主义在多个国家取代了当地较为温和的伊斯兰教派。

沙特阿拉伯的做法部分是源于瓦哈比派教义，但另一方面，沙特阿拉伯同阿拉伯世界里其他逊尼派国家一样对什叶派长久以来存在着反感情绪，这一情绪由该地区传统的社会和政治形态孕育而生。1918年之前，奥斯曼土耳其人在广袤的帝国内部利用该地区的
177 逊尼派精英贯彻其统治权威。1918年，奥斯曼帝国和逊尼派哈里发国终结，尽管当地建立了新的殖民政府，但逊尼派精英依旧在奥斯曼帝国所辖疆土上施以影响。第二次世界大战之后，各地王朝政府消亡，阿拉伯民族主义成为一股新的政治力量，但是统治埃及和伊拉克等国的新的世俗民族主义者们依旧源于逊尼派内部。萨达姆·侯赛因就是一个典型例子。逊尼派理所当然地认为他们是这个区域的天然统治者。

2003年萨达姆倒台后，一个通过民主选举产生的什叶派政府取而代之，这令逊尼派人士大感震惊。尤其是那些海湾国家的王室，他们作为逊尼派统治者也许并不喜欢萨达姆，但是对什叶派更无好感。他们将任何什叶派地位的改善都视作伊朗的地区扩张。努里·马利基（Nouri al-Maliki）于2006年当选伊拉克总理，其组建的政

府在政治层面上的不成熟将这一事态进一步恶化，许多伊拉克逊尼派人士被排除在美国掌控的伊拉克军队和联合政府之外，他们感到自己更加边缘化了。伊拉克逊尼派所受到的羞辱以及瓦哈比教义的广泛传播直接孕育了“基地”组织在伊拉克的生存土壤，引发了大量针对什叶派目标的自杀式炸弹袭击，特别是针对伊拉克境内什叶派圣陵的袭击。最早的袭击发生于 2003 年 8 月，针对目标是位于纳杰夫的阿里清真寺。自那以后，伊拉克境内其他的主要圣陵不断遭到袭击。最为严重的一起发生于 2006 年 2 月，袭击使得萨马拉清真寺的穹顶完全被毁，大量什叶派民众在各类自杀式和汽车炸弹袭击中殒命。作为报复，什叶派民兵敢死队在 2004—2005 年发动了针对逊尼派的大规模杀戮。

宗教冲突持续爆发，直到 2007 年美军增兵后才得到控制。但曾 178
受政府鼓励而反对“基地”组织的逊尼派，后来又感到被政府抛弃，故而对马利基政府充满敌意，这就为日后“伊斯兰国”组织的崛起创造了条件。“伊斯兰国”组织领导人利用“阿拉伯之春”引发的叙利亚内战创建了自己的组织结构和战术打法，并在 2014 年 5 月攻占了摩苏尔。2007 年之前，“伊斯兰国”组织是逊尼派叛乱武装的一部分，此后他们开始在该地区和其他地区大肆招兵买马，有大量成员来自沙特阿拉伯。无论沙特阿拉伯对于“伊斯兰国”组织的支持达到何等程度，有一点是十分明确的，即沙特阿拉伯政府也支持其他反对阿萨德政权的逊尼派组织，包括“基地”组织分支努斯拉阵线，此举意在打击伊朗对于阿萨德的支持。

2016 年初，沙特阿拉伯处决了著名什叶派异见分子、教士谢赫尼米尔·尼米尔（Sheikh Nimr al-Nimr），导致事态进一步升级。

谢赫尼米尔公开支持人民抗议沙特阿拉伯境内针对什叶派少数群体的不公正待遇，并用激烈的言辞号召推翻沙特阿拉伯王室。但是他同其他沙特阿拉伯的什叶派领袖一样并没有煽动暴力行为，也尽量和伊朗保持距离。其他同谢赫一同遭处决的 46 人中，多数为犯有恐怖主义罪行的瓦哈比派极端分子。由于瓦哈比派仍然需要安抚，因此谢赫尼米尔必须被处决。而沙特家族也明白，维系家族在沙特阿拉伯统治的最大威胁其实来自国内，在很大程度上，这个威胁是他们作茧自缚的极端瓦哈比主义问题。

伊朗—沙特阿拉伯的双边对抗中并没有哪一方占据了道德制高点，双方都有过错。但是，在很大程度上，伊朗政府主动远离了以往的什叶派极端主义。无论是伊朗政府还是什叶派，其破坏性都不
179 能和沙特阿拉伯培养的瓦哈比派世界观相提并论，在这种世界观下，瓦哈比派制造了“9·11”事件，“伊斯兰国”组织犯下了一系列罪行。至少从两伊战争结束后，伊朗的政策本质上是以防御性为主，虽然有时在针对以色列的立场上会有特定且带有倾向性的例外，而伊朗革命卫队与黎巴嫩真主党之间的关系，以及间歇性但极端的反犹太复国主义已经接近反犹太主义的边缘，二者共同导致这种倾向变得更加严重。

基于恐惧和不安，沙特阿拉伯和伊朗都在积极寻求应对政策。伊朗人看地图时发现他们已同时被反什叶派的逊尼派国家和美国以及西方国家的其他盟友所环绕。这些西方国家的盟友时至今日还在议论更换伊朗国内政权，其公开表态也更倾向于遵循并安抚沙特阿拉伯方面关于地区紧张态势的说法。对于很多伊朗人来说，1980—1988 年残酷的两伊战争深深地影响了他们对于世界的认知，在那场

战争中，伊朗人在被孤立的状态下与一群或明或暗的敌人殊死战斗。沙特阿拉伯和其他海湾国家惧怕伊朗，部分原因是他们对伊朗过去的言论有合理的怨恨，同时也因为他们深知自己对于权力的掌控还比较脆弱：执政的食利政权依赖石油收入使统治下的民众保持温顺，他们掌握的武装力量未必有效，而且对因自身政策衍生出的恐怖分子充满畏惧。不幸的是，沙特阿拉伯和伊朗的不确定性及某种程度上的偏执，导致彼此敌意升级，并发展至同域外强权国家结为同盟关系，从而在中东地区形成了两个阵营之间对抗的局面。这是一个潜在的灾难性局面，对于叙利亚和也门来说，灾难已然发生。那些外部势力需要重新评估他们的动机以及在中东地区的真正利益所在。对于英国这类国家来说，要真正致力于中东地区稳定就必须向沙特阿拉伯和其他海湾国家释放一些坚定的且与过去卡梅伦 180
政府和英国财政部所提出的“繁荣计划”（Prosperity Agenda）不一致的信号。

沙特阿拉伯与伊朗之间的紧张态势已经使得伊拉克、叙利亚、巴林、也门等国家深受苦难，化解矛盾已是众望所归。（沿袭哈塔米时期所取得的成果）沙伊双方以某种形式实现外交缓和不仅有可能，甚至很有希望。但是，由于矛盾根深蒂固，要完全消除仍然是非常困难的。

2015 年伊核协议达成之后，伊朗发展前景如何?

2016 年 1 月后，针对伊朗核计划的各项制裁逐步取消，随之而来（某些情况下甚至先于制裁取消）的是外界对于伊朗经济所释放出的商机兴趣高涨。几天之内，伊朗方面就宣布购买 114 架空中客车公司生产的飞机。很快，伊朗还宣布了其他一些类似的购买协议。尽管外界对于伊朗的银行是否有能力在反洗钱和其他相关监管事项方面达到世界银行体系的要求尚存疑虑，也依然担心某些国家就伊朗弹道导弹和人权相关问题施加的制裁是否会持续，但是意大利和法国已然率先进入伊朗市场。

外界普遍认为，伊朗经济潜力巨大，开发程度比较低且潜力被外界所低估。持续经年的外界制裁人为地抑制了伊朗的经济活动、国家货币币值、资产价值和国内商业的发展。另外，伊朗石油储量
181 占到世界第四，天然气储量居世界第一。伊朗人民普遍受教育程度较高（识字率高达 86%），又有强大的创业传统。近年来，这两项因素合力催生了一批例如 IT 行业的创新型企业。青年群体的高失业率就意味着大量廉价劳动力，他们随时准备迎接新投资所释放的就业机会。大约有 400 万—500 万散居国外的伊朗人同样是重要的人力资源（仅加利福尼亚州一地预计就有 50 万人），这些伊朗人在西方国家拥有划时代的高科技企业，他们中的一些人经常回国，一旦条件成熟，随时准备将资金和技术带回国内投资。

但与之相对的是一些不那么令人鼓舞的因素。伊朗经济受到抑制的部分原因是来自外部的长期制裁，也有因中央集权而制定的糟糕的经济规划的原因；石油化工行业在经济领域中的主导地位以及食利主义所产生的副作用都像刹车一样阻碍着经济发展；伊朗司法是否保护商业活动仍让外国人心存疑虑；革命卫队在新环境下如何处理他们自身的商业利益仍然需要观望。腐败仍是一个普遍存在的问题，国际观察机构“透明国际”2015 年将伊朗在全球 168 个经济体中列为第 130 位（当年，丹麦位列第一）。随着伊朗不断重新融

入国际社会，解决这些问题的前景可期。然而，一些先行者定然会经历一些波折。随着 2016 年逐渐过去，伊核协议中规定的经济红利并没有惠及普通民众，这使得伊朗人越来越躁动不安。

从更宽泛的层面上讲，如同人们所见的那样，这也是一幅喜忧参半的图景。鲁哈尼政府所承诺的更加开放的社会仿佛进展缓慢；
对媒体自由的种种限制仍在持续；2009 年的反对派领袖穆萨维和卡 182
鲁比仍处在居家监禁状态，电影制作人贾法尔·帕纳西也没有重获自由。2016 年 3 月，伊朗另一位最具知名度的人物，被迫于 2009 年流亡国外的希林·伊巴迪批评了伊核协议没有将人权内容列入其中。3 月 9 日，革命卫队试射了两枚导弹。按照伊朗官方通讯社的说法，此举意在强化“以色列必须被消灭”这一信息。伊朗一边向全世界敞开国门，一边宣扬将延续革命精神的持久决心。伊朗似乎会在未来一段时间内在两条完全不兼容的轨道上不断拉扯。

延伸阅读资料

Abrahamian, Ervand. *Iran between Two Revolutions*, Princeton 1982.

Abrahamian, Ervand. *Radical Islam: The Iranian Mojahedin*, London 1989.

Abrahamian, Ervand. *Khomeinism: Essays on the Islamic Republic*, Berkeley 1993.

Abrahamian, Ervand. *Tortured Confessions: Prisons and Public Recantations in Modern Iran*, Berkeley 1999.

Abrahamian, Ervand, *A History of Modern Iran*, Cambridge 2009.

Afshari, Reza. "The Discourse and Practice of Human Rights Violations of Iranian Baha'is in the Islamic Republic of Iran" in *The Baha'is of Iran: Socio-historical Studies*, ed. Dominic Parviz Brookshaw and Seena B. Fazel, Abingdon 2008, pp. 232—277.

Aghaie, Kamran Scot. *The Martyrs of Karbala: Shi'i Symbols and Rituals in Modern Iran*, Seattle 2004.

Alam, Asadollah. *The Shah and I: The Confidential Diary of Iran's Royal Court, 1968—1977*, London 2008.

Alavi, Nasrin. *We Are Iran*, London 2005.

Algar, Hamid. "Shi'ism and Iran in the Eighteenth Century" in *Studies in 18th Century Islamic History*, ed. Thomas Naff and Roger Owen, Carbondale and Edwardsville, 1977, pp. 288—302.

Algar, Hamid (ed and trans). *Constitution of the Islamic Republic of Iran*,

Berkeley 1980.

Alvandi, Roham. *Nixon, Kissinger and the Shah: The United States and Iran in the Cold War*, New York 2014.

Aminrazavi, Mehdi. *The Wine of Wisdom*, Oxford 2005.

Ansari, Ali. *Modern Iran since 1921*, Harlow 2003.

Ansari, Ali. *Confronting Iran: The Failure of American Foreign Policy and the Roots of Mistrust*, London 2006.

Ansari, Ali. *Crisis of Authority: Iran's 2009 Presidential Election*, London 2010.

Arberry, A. J. *Classical Persian Literature*, London 1958 (reprinted 2004).

Arjomand, Saïd Amir. *The Turban for the Crown: The Islamic Revolution in Iran*, Oxford 1988.

Arjomand, Saïd Amir. *After Khomeini: Iran under His Successors*, Oxford 2009.

Avery, Peter. *Modern Iran*, New York 1965.

Axworthy, Michael. *The Sword of Persia*, London 2006.

Axworthy, Michael. "The Army of Nader Shah" *Iranian Studies*, vol. 40, no. 5, December 2007, pp. 635—646.

Axworthy, Michael. *Iran: Empire of the Mind*, London 2008.

Axworthy, Michael. *Revolutionary Iran*, London 2013.

Azari, Farah. *Women of Iran: The Conflict with Fundamentalist Islam*, London 1983.

al-Azm, Sadik. "Is the Fatwa a Fatwa?" *Middle East Report*, no. 183, July/August 1993, p. 27.

Babayan, Kathryn. *Mystics, Monarchs and Messiahs: Cultural Landscapes of Early Modern Iran*, Harvard 2002.

Bakhash, Shaul. *The Reign of the Ayatollahs*, London 1986.

Baktiari, Bahman. *Parliamentary Politics in Revolutionary Iran: The Institutionalisation of Factional Politics*, Gainesville 1996.

Bani-Sadr, Abol Hassan. *My Turn to Speak*, Washington 1991.

Bausani, Alessandro. *Religion in Iran*, New York 2000.

Bayandor, Darioush. *Iran and the CIA: The Fall of Mosaddeq Revisited*, London 2010.

Beck, Lois. "Women among Qashqai Nomadic Pastoralists in Iran" in *Women in the Muslim World*, ed. N. Keddie, Cambridge, Mass 1978, pp. 351—373.

Behrooz, Maziar. *Rebels with a Cause: The Failure of the Left in Iran*, London 2000.

Bill, James A. *The Eagle and the Lion: The Tragedy of American-Iranian Relations*, Yale 1988.

Bjerre Christensen, Janne. *Drugs, Deviancy and Democracy in Iran: The Interaction of State and Civil Society*, London 2011.

Bowden, Mark. *Guests of the Ayatollah: The Iran Hostage Crisis: The First Battle in America's War with Militant Islam*, New York 2007.

Boyce, Mary. *Zoroastrianism: A Shadowy but Powerful Presence in the Judaeo-Christian World*, London 1987.

Boyle, John Andrew (ed and trans). *The History of the World-Conqueror* (*Jurvayni*), Manchester 1958.

Briant, Pierre. *From Cyrus to Alexander: A History of the Persian Empire*, Winona Lake 2002.

Brown, Ian. *Khomeini's Forgotten Sons: The Story of Iran's Boy Soldiers: Child Victims of Saddam's Iraq*, London 1990.

Browne, Edward Glanville. *The Persian Revolution of* 1905—1909, London 1966.

Browne, Edward Glanville. *A Literary History of Persia*, Cambridge 1969.

Buchta, Wilfried. *Who Rules Iran*? Washington 2000.

Chehabi, H. E. *Iranian Politics and Religious Modernism: The Liberation Movement of Iran under the Shah and Khomeini*, London 1990.

Chehabi, H. E. "The Banning of the Veil and Its Consequences" in *The Making of Modern Iran: State and Society under Reza Shah, 1921—1941*, ed. Stephanie Cronin, London 2003, pp. 203—221.

Chehabi, H. E. "Iran and Lebanon in the Revolutionary Decade" in *Distant Relations: Iran and Lebanon in the Last 500 Years*, ed. H. E. Chehabi, London 2006, pp. 201—230.

Chehabi, H. E. "Iran and Lebanon after Khomeini" in *Distant Relations: Iran and Lebanon in the Last 500 Years*, ed. H. E. Chehabi, London 2006, pp. 287—308.

Chubin, Shahram and Tripp, Charles. *Iran and Iraq at War*, London 1988.

Cole, Juan R. I. *Sacred Space and Holy War: The Politics, Culture and History of Shi'ite Islam*, London 2002.

Colledge, Malcolm A. R. *The Parthians*, London 1967.

Cooper, Tom and Bishop, Farzad. *Iranian F-14 Tomcat Units in Combat*, Botley 2004.

Corbin, Henry (trans Nancy Pearson). *Spiritual Body and Celestial Earth*, Princeton 1977.

Crone, Patricia. *The Nativist Prophets of Early Islamic Iran*, (reprint) Cambridge 2014.

Curtis, Vesta Sarkhosh and Stewart, Sarah (eds). *Birth of the Persian Empire (The Idea of Iran vol. 1)*, London 2005.

Curtis, Vesta Sarkhosh and Stewart, Sarah (eds). *The Age of the Parthians (The Idea of Iran vol. 2)*, London 2007.

Curzon, Lord G. N. *Persia and the Persian Question*, London 1966.

Darbandi, Afkham and Davis, Dick (ed and trans). *Farid ud-Din Attar: The Conference of the Birds*, London 1984.

Daryaee, Touraj. *Sasanian Persia: The Rise and Fall of an Empire*, London 2007.

Daryaee, Touraj. *Sahrestaniha-i Iranshahr*, Costa Mesa 2002.

Ebtekar, Massoumeh. *Takeover in Tehran: The Inside Story of the 1979 US Embassy Capture*, Vancouver 2000.

Ehteshami, Anoushiravan. *After Khomeini: The Iranian Second Republic*, London 1995.

Ehteshami, Anoushiravan. *Iran and the Rise of Its Neoconservatives: The*

Politics of Iran's Silent Revolution, London 2007.

Esfahani, Hadi Salehi and Pesaran, M. Hashem. "The Iranian Economy in the Twentieth Century: A Global Perspective," *Iranian Studies*, vol. 42, no. 2, 2009, pp. 177—211.

Farhadpour, Morad and Mehrgan, Omid. "The People Reloaded" in *The People Reloaded: The Green Movement and the Struggle for Iran's Future*, ed. Nader Hahemi and Danny Postel, Brooklyn 2010, pp. 130—136.

Farhi, Farideh. "The Antimonies of Iran's War Generation" in *Iran, Iraq and the Legacies of War*, ed. Lawrence Potter and Gary Sick, New York 2004, pp. 101—120.

Farzaneh, Mateo Mohammad. *The Iranian Constitutional Revolution and the Clerical Leadership of Khurasani*, Syracuse 2015.

Fenton, Tom. "The Day They Buried the Ayatollah," *Iranian Studies* vol. 41, no. 2, 2008, pp. 241—246.

Floor, Willem. "The Revolutionary Character of the Iranian Ulama: Wishful Thinking or Reality?" *International Journal of Middle East Studies*, vol. 12, no. 4, 1980, pp. 501—524.

Floor, Willem. *The Economy of Safavid Persia*, Wiesbaden 2000.

Floor, Willem. *Safavid Government Institutions*, Costa Mesa 2001.

Floor, Willem. *Sexual Relations in Iran*, Costa Mesa 2008.

Foltz, Richard C. *Spirituality in the Land of the Noble*, Oxford 2004.

Frye, Richard N. *Iran*, London 1954.

Frye, Richard N. *The Heritage of Persia*, London 1962.

Frye, Richard N. *The Golden Age of Persia*, London 1975.

Garthwaite, Gene. *The Persians*, Oxford 2005.

Gasiorowski, Mark and Byrne, Malcolm (eds). *Mohammad Mosaddeq and the 1953 Coup in Iran*, Syracuse 2004.

Gellner, E. "Tribalism and the State in the Middle East" in *Tribes and State Formation in the Middle East*, ed. J. Kostiner and P. S. Khoury, London 1991, pp. 109—126.

Gheissari, Ali. *Iranian Intellectuals in the 20th Century*, Austin 1998.

Gibson, Bryan. *Sold Out? US Foreign Policy, Iraq, the Kurds, and the Cold War*, London 2015.

Halliday, Fred. " 'Orientalism' and its Critics," *British Journal of Middle Eastern Studies*, vol. 20, no. 2, 1993, pp. 145—163.

Hashemi-Rafsanjani, Ali Akbar. *Karnameh va Khaterat* (*Report and Memoir*): 1360 — 1363 (1981 — 1985) (4 vols.) and 1367 (1988 — 1989) (published Tehran 1999—2011).

Herrmann, Georgina. *The Iranian Revival*, Oxford 1977.

Hiro, Dilip. *The Longest War: The Iran-Iraq Military Conflict*, London 1990.

Hooglund, Eric J. *Land and Revolution in Iran 1960—1980*, Austin 1982.

Issawi, Charles. *The Economic History of Iran, 1800 — 1914*, Chicago 1971.

Ja'farian, Rasul. *Din va Siyasat dar Dawraht ye Safavi*, Qom 1991.

Kamrava, Mehran. *Iran's Intellectual Revolution*, Cambridge 2008.

Kasravi, Ahmad (trans Evan Siegel). *History of the Iranian Constitutional Revolution*, Costa Mesa 2006.

Katouzian, Homa. *Sadeq Hedayat: The Life and Legend of an Iranian Writer*, London 2002.

Kapuscinski, Ryszard. *Shah of Shahs*, London 2006.

Keddie, Nikki. "The Iranian Power Structure and Social Change 1800 — 1969: An Overview," *International Journal of Middle East Studies*, vol. 2, no. 1, 1971, pp. 3—20.

Keddie Nikki R. *Qajar Iran and the Rise of Reza Khan 1796—1925*, Costa Mesa 1999.

Keddie, Nikki. *Modern Iran: Roots and Results of Revolution*, Yale 2006.

Keddie, Nikki. *Women in the Middle East: Past and Present*, Princeton 2006.

Kennedy, Hugh. *The Court of the Caliphs*, London 2005.

Ibn Khaldun (trans Franz Rosenthal). *The Muqaddimah*, London 1967.

Khanbaghi, Aptin. *The Fire, the Star and the Cross*, London 2006.

Khanlari, P Natil (ed). *Divan-e Hafez*, Tehran 1980.

Kian-Thiébaut, Azadeh. "From Motherhood to Equal Rights Advocates: The Weakening of the Patriarchal Order," *Iranian Studies*, vol. 38, no. 1, 2005, pp. 45—66.

Kian-Thiébaut, Azadeh. "Women's Movement in Post-Revolutionary Iran" in *Iran Today: Twenty-five Years after the Islamic Revolution*, ed. M Hamid Ansari, New Delhi 2005, pp. 314—329.

Kurzman, Charles. *The Unthinkable Revolution in Iran*, Harvard 2005.

Kurzman, Charles. "A Feminist Generation in Iran?" *Iranian Studies*, vol. 41, no. 3, 2008, pp. 297—321.

Lambton, Ann K. S. "The Tribal Resurgence and the Decline of the Bureaucracy in the Eighteenth Century" in *Studies in 18th Century Islamic History*, ed. Thomas Naff and Roger Owen, Carbondale and Edwardsville, 1977, pp. 108—129.

Lambton, Ann K. S. *Landlord and Peasant in Persia*, London 1991.

Levy, Habib (ed H. Ebrami). *Comprehensive History of the Jews of Iran*, Costa Mesa 1999.

Lewisohn, Leonard (ed). *The Heritage of Sufism*, Oxford 1999 (especially his overview at the beginning of vol. 2— "Iranian Islam and Persianate Sufism," pp. 11—43).

Limbert, John W. *Iran: At War with History*, Boulder 1987.

Lockhart, Laurence. *The Fall of the Safavi Dynasty and the Afghan Occupation of Persia*, Cambridge 1958.

Louër, Laurence. *Transnational Shi'a Politics: Religious and Political Networks in the Gulf*, London 2008.

Majd, Hooman. *The Ayatollah Begs to Differ: The Paradox of Modern Iran*, London 2009.

Majd, Hooman. *The Ayatollahs' Democracy*, New York 2010.

Malcolm, Sir John. *History of Persia*, London 1829.

Mallory, J. P. *In Search of the Indo Europeans*, London 1991.

Manz, Beatrice. *The Rise and Rule of Tamerlane*, Cambridge 1989.

Marshall, G. S. Hodgson. *The Venture of Islam*, Chicago 1974.

Matthee, Rudi. "Unwalled Cities and Restless Nomads: Firearms and Artillery in Safavid Iran" in *Safavid Persia: The History and Politics of an Islamic Society*, ed. Charles Melyille, London 1996, pp. 389—416.

Matthee, Rudi. *The Politics of Trade in Safavid Iran*, Cambridge 1999.

Matthee, Rudi. "Education in the Reza Shah Period" in *The Making of Modern Iran*, ed. S. Cronin, London 2003, pp. 128—151.

Matthee, Rudi. *The Pursuit of Pleasure: Drugs and Stimulants in Iranian History 1500—1900*, Princeton 2005.

McDowall, David, *A Modern History of the Kurds* (Revised Edition), London 2010.

Melville, Charles (ed). *Safavid Persia: The History and Politics of an Islamic Society*, Cambridge 1993.

Menashri, David. *Post-Revolutionary Politics in Iran: Religion, Society and Power*, London 2001.

Michaelsen, Marcus. *Election Fallout: Iran's Exiled Journalists and Their Struggle for Democratic Change*, Berlin 2011.

Milani, Abbas. *The Persian Sphinx: Amir Abbas Hoveyda and the Riddle of the Iranian Revolution*, London 2009.

Milani, Abbas. *The Shah*, New York 2011.

Milani, Mohsen. *The Making of Iran's Islamic Revolution*, Boulder 1988.

Minorsky, V. (ed and trans). *Tadhkirat al-Muluk: A Manual of Safavid Administration*, London 1943.

Mir-Hosseini, Ziba. "Women, Marriage and the Law in Post-Revolutionary Iran" in *Women in the Middle East: Perceptions, Realities and Struggles for Liberation*, ed. Haleh Afshar, Basingstoke 1993, pp. 59—84.

Mir-Hoseini, Ziba and Tapper, Richard. *Islam and Democracy in Iran: Eshkeoari and the Quest for Reform*, London 2008.

Moin, Baqer. *Khomeini: Life of the Ayatollah*, London 1999.

Mojaddedi, Jawid (ed and trans). *Jalal al-Din Rumi/The Masnavi*, Oxford 2004.

Momen, Moojan. *An Introduction to Shi Islam*, Yale 1985.

Montazeri, Hosein Ali. *Khaterat-e Ayatollah Montazeri*, Sweden, France, and Germany 2001.

Morgan, David. *Medieval Persia 1040—1797*, London 1988.

Morgan, David. *The Mongols*, Oxford 1990.

Moslem, Mehdi. *Factional Politics in Post-Khomeini Iran*, Syracuse 2002.

Mottahedeh, Roy. *The Mantle of the Prophet*, Harmondsworth 1987.

Naficy, Hamid. *A Social History of Iranign Cinema* (4 vols), Durham 2011.

Nafisi, Azar. *Reading Lolita in Tehran*, New York 2003.

Naji, Kasra. *Ahmadinejad: The Secret History of Iran's Radical Leader*, London 2008.

Najmabadi, Afsaneh. *The Story of the Daughters of Quchan: Gender and National Memory in Iranian History*, Syracuse 1998.

Najmabadi, Afsaneh. *Women with Mustaches and Men without Beards*, California 2005.

Navai, Ramita. *City of Lies*, London 2015.

Newman, Andrew J. *Safavid Iran: Rebirth of a Persian Empire*, London 2006.

O'Ballance, Edgar. *The Gulf War*, London 1988.

Olmstead, A. T. *History of the Persian Empire*, Chicago 1948.

Ostovar, Afshon. *Vanguard of the Imam: Religion, Politics, and Iran's Revolutionary Guards*, New York 2016.

Pahlavi, Mohammed Reza. *Mission for My Country*, London 1974 (first published 1961).

Parsa, Misagh. *Social Origins of the Iranian Revolution*, New Brunswick and London 1989.

Parsi, Trita. *Treacherous Alliance: The Secret Dealings of Israel, Iran and the US*, Yale 2007 (large print paperback edition).

Parsons, Anthony. *The Pride and the Fall: Iran 1974 — 1979*, London

1984.

Perry, J. R. *Karim Khan Zand*, Chicago 1979.

Potter, Lawrence and Sick, Gary (eds). *Iran, Iraq and the Legacies of War*, New York 2004.

Poudeh, Reza J. and Shirvani, M. Reza. "Issues and Paradoxes in the Development of Iranian National Cinema: An Overview," *Iranian Studies*, vol. 41, no. 3, 2008, pp. 323—341.

Rahnema, Ali. *An Islamic Utopian: A Political Biography of Ali Shari'ati*, London 2000.

Ramazani, R. K. *Revolutionary Iran: Challenge and Response in the Middle East*, Baltimore 1988.

Razoux, Pierre (trans Nicholas Elliott). *The Iran-Iraq War*, Harvard 2015.

Renfrew, Colin. *Archaeology and Language: The Puzzle of Indo-European Origins*, Cambridge 1990.

Rizvi, Sajjad H. *Mulla Sadra Shirazi: His Life and Works and the Sources for Safavid Philosophy*, Oxford 2007.

Robertson, Geoffrey. *The Massacre of Political Prisoners in Iran, 1988: Report of an Inquiry Conducted by Geoffrey Robertson, QC*, Abdorrahman Boroumand Foundation, 2009 (available online at http://www.iranrights.org/english/attachments/doc1115.pdf) (accessed 28-5-2011).

Rundle, Christopher. "Iran: Continuity and Change since the Revolution" in *Politics and International Relations in the Middle East: Continuity and Change*, ed. M. Jane Davis, Aldershot 1995, pp. 105—111.

Ryan, Paul B. *The Iranian Rescue Mission: Why It Failed*, Annapolis 1988.

Saberi, Reza. *A Thousand Years of Persian Rubaiyat*, Bethesda 2000.

Sanasarian, Eliz. *Religious Minorities in Iran*, Cambridge 2000.

Satrapi, Marjane. *Persepolis: The Story of a Childhood*, London 2003.

Savory, Roger. *Iran under the Safrvids*, Cambridge 1980.

Schimmel, Annemarie. *Mystical Dimensions of Islam*, Carolina 1975.

Schirazi, Asghar. *The Constitution of Iran: Politics and the State in the*

Islamic Republic, London 1997.

Shah, Idries. *The Sufis*, London 1964.

Sick, Gary. *All Fall Down: America's Fateful Encounter with Iran*, London 1985.

Sick, Gary. "Trial by Error: Reflections on the Iran-Iraq War," *Middle East Journal*, vol. 43, no. 2, 1989, pp. 230—245.

Sick, Gary. *October Surprise: America's Hostages in Iran and the Election of Ronald Reagan*, London 1991.

Simpson, John and Schubart, Tira. *Lifting the Veil: Life in Revolutionary Iran*, London 1995.

Slavin, Barbara. *Bitter Friends, Bosom Enemies: Iran, the US and the Twisted Path to Confrontation*, New York 2007.

Spuler, Bertold. *The Age of the Caliphs*, Princeton 1999 (first ed. 1969).

Sprachman, Paul. *Language and Culture in Persian*, Santa Ana 2002.

Sternfeld, Lior. "The Revolution's Forgotten Sons and Daughters: The Jewish Community in Tehran during the 1979 Revolution," *Iranian Studies*, vol. 47, no. 6, 2014, pp. 857—869.

Subrahmanyam, S. "Un Grand Derangement: Dreaming an Indo-Persian Empire in South Asia, 1740 — 1800," *Journal of Early Modern History*, vol. IV, Leiden 2000.

Sullivan, William H. *Mission to Iran*, New York 1981.

Tapper, Richard. *Frontier Nomads of Iran*, Cambridge 1997.

Tapper, Richard (ed). *The New Iranian Cinema: Politics, Representation and Identity*, London 2002.

Tucker, Ernest S. *Nadir Shah's Quest for Legitimacy in Post-Safavid Iran*, Florida 2006.

Vaziri, Mostafa. *Iran as Imagined Nation: The Construction of National Identity*, New York 1993.

Wells, Tim. *444 Days: The Hostages Remember*, San Diego 1985.

Wickens, G. M. (trans). *The Bustan of Sa'di*, Leiden 1974.

Wiesehofer, Josef. *Ancient Persia*, London 2006.

Wright, Denis. *The English among the Persians*, London 1977.

Yarshater, Ehsan. "The Persian Presence in the Islamic World" in *The Persian Presence in the Islamic World*, ed. R. G. Hovannasian and G. Sabagh, Cambridge 1998, pp. 4—125.

Zaccara, Luciano. "The 2009 Iranian Presidential Elections in Comparative Perspective" in *Iran and the International System*, ed. A. Ehteshami and R. Molavi, Abingdon 2012, pp. 192—206.

Zibakalam, Sadegh. *Ma Chegoneh Ma Shodim*, Tehran 1999.

Zibakalam, Sadegh. "Islam, Religious Fundamentalism and Reform: A Look at the Islamic Revolution after a Quarter of a Century" in *Iran Today: Twenty-five Years after the Islamic Revolution*, ed. M. Hamid Ansari, New Delhi 2005, pp. 182—194.

Zirinsky, Michael P. "Imperial Power and Dictatorship: Britain and the Rise of Reza Shah, 1921—1926," *International Journal of Middle East Studies*, vol. 24, no. 4, 1992, pp. 639—663.

原书索引